本书是山西省教育科学"十三五"规划2016年度规划课题"信
提升融合研究"（GH-16042）的阶段性成果

农村教师信息技术应用的 影响因素与对策

王永军◎著

科学出版社

北 京

内 容 简 介

农村教师信息技术应用影响因素预测模型能有效指导农村学校教育信息化实践，有力推动教育信息化 2.0 行动计划在农村学校的落实。本书从历史维度系统剖析了甘肃省两个农村学区的教师信息技术应用情况，从农村学区视角深入分析了农村教师信息技术应用影响因素及作用机制模型，并在此基础上提出了推动农村教师信息技术有效应用的对策体系。

本书既可用于农村教师信息技术应用能力培训，也可用于对教育信息化工作人员的指导，还可作为教育信息化研究人员、高等院校教育技术学等专业本科生和研究生的教学参考用书。

图书在版编目（CIP）数据

农村教师信息技术应用的影响因素与对策 / 王永军著 . —北京：科学出版社，2019.6

ISBN 978-7-03-061326-4

Ⅰ.①农… Ⅱ.①王… Ⅲ.①农村-教师-计算机辅助教学-研究 Ⅳ.①G434

中国版本图书馆CIP数据核字（2019）第107675号

责任编辑：崔文燕 / 责任校对：何艳萍
责任印制：徐晓晨 / 封面设计：润一文化

编辑部电话：010-64033934

E-mail：edu_psy@mail.sciencep.com

科 学 出 版 社 出版
北京东黄城根北街 16 号
邮政编码：100717
http://www.sciencep.com

北京盛通商印快线网络科技有限公司 印刷
科学出版社发行 各地新华书店经销

*

2019年6月第 一 版 开本：720×1000 B5
2019年10月第二次印刷 印张：13 3/4
字数：250 000

定价：89.00元
（如有印装质量问题，我社负责调换）

序　言

　　农村中小学教育信息化历来是基础教育信息化重点和难点。农村中小学教育信息化肩负着缩小城乡教育差距、促进教育公平、提高农村教育质量的重要使命。在农村教育信息化进程中，教师的角色非常重要，信息技术能否进入课堂，能否给农村学生带来优质资源和优质学习，关键在于教师是否在教育中有效使用了信息技术。因而，农村教师信息技术应用成为重要的研究议题。深入了解农村教师信息技术应用状况，厘清农村教师信息技术应用影响因素，构建农村教师信息技术应用对策体系，成为研究农村中小学教育信息化实践的重要内容。

　　怀着对农村中小学教育信息化的关切之心，笔者深入农村学校，来到学生、教师和学校领导身边，走进农村中小学课堂，倾听一线教育信息化实践者的声音，通过诠释，再现农村教育信息化实践的真实故事。笔者深入甘肃省两个农村学区开展了三个多月的实地研究。其间，笔者以实习教师身份参与学校工作，通过深度访谈、实地观察、实物收集等方法收集资料，采用扎根理论、历史法、案例法等分析资料，建构了农村教师信息技术应用的影响因素及作用机制模型。

　　本书首先梳理了信息技术应用的研究基础，对信息技术应用的评判标准、推广理论、影响因素和对策做了系统论述，建立了理论基础和研究导向。信息技术应用评判标准众多，通用标准是信息技术应用的效果、效率和效益。信息技术应用推广理论有创新推广理论、教育变革理论、技术接受模型等。信息技术应用影响因素从微观、中观、宏观三个层面展开论述，包括教师、学生、学校管理、技术支持、时间、教育政策、教育经费、教育评价制度和教育部门等。信息技术应用对策包括建立共同愿景和计划、克服资源短缺、转变态度和观念、提供专业发展机会和调整评价方式等。

其次，通过实地研究，本书描述了甘肃省两个农村学区教育信息化的发展历史和现状，围绕信息化基础设施和硬件设备、信息化教学资源、教师信息技术操作能力、教师信息化教学认识、信息化教学实践等，本书描绘了农村教师信息技术应用历史和现状。通过实地研究，笔者认为，样本学校信息化条件恶劣，教师信息技术应用水平仍处于起步状态；样本学校为教师和学生提供最基本的信息化条件都存在困难；样本学校教师的信息技术应用能力普遍较低；样本学校学生信息化学习能力几乎为零。

再次，本书建构了农村教师信息技术应用的影响因素及作用机制模型。农村教师信息技术应用微观层面的影响因素包括教师教学理念、教师的可利用时间、教师信息化教学能力、教学内容、学生的认知规律和信息素养，其中，教师信息化教学能力和教师的可利用时间是关键影响因素，学生信息素养是未来影响信息技术应用的关键因素；中观层面的影响因素包括学校硬件设备、学校公用经费、校长信息化领导力、学校信息化人才，其中，学校硬件设备和校长信息化领导力是关键因素；宏观层面的影响因素包括教育政策、政府教育信息化投入、上级教育部门的信息化推动、地方经济发展水平，其中，政府信息化投入和上级教育部门的信息化推动是关键因素。学校硬件设备是农村教师信息技术应用直接影响因素中的基础性因素，信息化投入是间接影响因素中的基础性因素，信息化投入也是所有影响因素中的基础性因素。农村教师信息技术应用影响因素构成复杂的作用机制模型，比如，教师信息化教学能力影响学生信息素养，学校硬件设备影响教师信息化教学能力和学生信息素养，教师可利用时间影响教师信息化教学能力，校长信息化领导力影响学校硬件设备、教师信息化教学能力、教师信息化教学积极性、学生信息素养，政府信息化投入影响学校硬件设备、地方教育部门信息化推动工作等。理解农村学校信息技术应用影响因素的关键在于构建教师信息技术应用影响因素模型，只有厘清影响因素及作用机制模型，才能更好地理解影响因素对信息技术应用的影响程度。农村教师信息技术应用影响因素的影响程度应该以具体情境为评判依据。农村教师信息技术应用影响因素伴随农村教育信息化的发展而不断演变，一些因素得以强化，另一些因素则弱化。农村教师在信息技术应用过程中遇到的影响因素的阻碍程度比城市教师普遍要大。农村教师在有没有条件使用信息技术、有没有能力简单地使用信息技术阶段挣扎，信息技术应用影响因素也就体现在是阻碍还是促进教师在教学中简单地使用信息技术。

简单地说，农村教师信息技术应用的影响因素也就是农村教师话语体系中的"麻烦"。因为麻烦，农村教师不愿意在教学中使用信息技术。这种麻烦一方面出于教师自身的原因；另一方面出于外部客观原因。从教师自身来讲，信息化教学往往花费教师更多的时间和精力，尤其是制作课件，再加上农村教师工作负担重，组织信息化教学往往意味着超额的教学工作量。另外，在信息化教学起步阶段，信息化教学准备耗费更多时间和精力，而教学效果却较难有明显提升，因而教师仍倾向使用传统教学手段而非信息化教学手段。这时候，校长和上级部门的信息化教学督促成为教师开始信息化教学的直接推动因素。这种现象的反例典型地体现在老教师身上，由于老教师信息技术操作水平低，长期习惯传统教学手段，加上学校领导层对老教师的信息化教学期望低，不愿意派遣老教师参加信息技术培训，绝大多数老教师不使用信息化教学手段。麻烦的外部原因是指，学校信息化条件差导致信息化教学过多地增加教师负担，具体包括设备短缺、网络条件差、信息化运行维护滞后、信息化管理烦琐等。比如，大多数农村学校多个班级共用一个多媒体教室，信息化教学往往需要教师组织学生在普通教室和多媒体教室之间来回跑，教师感觉很麻烦。另外，冬天组织信息化教学还需要考虑多媒体教室取暖的问题，这更加剧了信息化教学的麻烦程度。因为取暖问题，农村学校信息技术实践课很少开展，学生只有在天气暖和的时候才会去计算机教室上信息技术课。本书在给出农村教师信息技术应用影响因素的基础上，结合五位教师的典型案例，对教师信息技术应用进行进一步解读，从案例视角解读农村教师信息技术应用的影响因素。为保证访谈的真实性，本书未对教师访谈内容进行技术处理。

　　最后，本书提出了农村教师信息技术有效应用的对策体系。农村教师信息技术应用对策体系的提出主要从影响因素可操作程度、关键程度、基础性程度，以及影响因素间作用机制等方面进行考量，再结合农村教师信息技术应用存在的问题，从保障教育信息化可持续投入、发挥上级教育部门的信息化推动作用、强化校长的信息化领导力、关注教师信息化教学能力的发展和培养学生的信息化学习能力五个方面构建了系统化、协同式农村教师信息技术有效应用对策体系，并提出应用对策体系的指导原则。

　　由于研究问题的复杂性及笔者自身水平有限，本书的研究和写作还存在很多问题，希望读者多提宝贵意见。

王永军

2019 年于山西师范大学

目　　录

第一章

绪　论

第一节　农村教师信息技术应用的价值和意义

20 世纪 90 年代以来，随着美国政府率先提出建设国家信息基础设施（National Information Infrastructure，NII），俗称信息高速公路计划，全世界范围内掀起了信息化建设的浪潮。美国在信息高速公路建设过程中，特别把信息技术（information technology，IT）在教育中的应用作为实施面向 21 世纪教育改革的重要途径，许多国家也相继提出了推动本国信息技术在教育中应用的计划[①]。我国政府历来高度重视教育信息化建设。1998 年，教育部部长陈至立提出，"要实现教育的现代化，要实现教育的跨越式发展，教育信息化是一个关键因素。占据了这个制高点，就可以打开教育改革发展的现代化之门"[②]。2002 年，江泽民同志在北京师范大学 100 周年校庆讲话中指出，"进行教育创新，必须充分利用现代科学技术手段，大力提高教育的现代化水平。要通过积极利用现代信息和传播技术，大力推进教育信息化，促进教育现代化"[③]。2010 年，胡锦涛同志在全国教育工作会议上指出，"要以教育信息化带动教育现代化，把教育信息化纳入国家信息化发展整体战略，加快信息基础设施建设，超前部署教育信息网络，加强

---

① 何克抗，吴娟 .2007. 信息技术与课程整合 . 北京：高等教育出版社：11.

② 陈至立 .1998. 应用现代教育技术推动教育教学改革 . 现代教育技术，（3）：3.

③ 江泽民 . 江泽民在北京师范大学建校 100 周年庆祝大会上发表重要讲话 . http://www.cctv.com/news/china/20020908/145.html.（2002-09-08）[2018-09-10].

优质教育资源开发和应用"①。2010 年发布的《国家中长期教育改革和发展规划纲要（2010—2020 年）》第十九章指出，要"加快教育信息基础设施建设""加强优质教育资源开发与应用""构建国家教育管理信息系统"②。2012 年，刘延东在全国教育信息化电视电话会议上指出要加快教育信息化建设③。2012 年 3 月，教育部发布《教育信息化十年发展规划（2011—2020 年）》。2015 年 10 月，在党的十八届五中全会上，"习近平总书记强调，中国要坚持不懈推进教育信息化，通过教育信息化大力促进教育公平"④。2015 年 11 月，刘延东同志在第二次全国教育信息化工作电视电话会议上提出，"要以教育信息化全面推动教育现代化"，并对"十三五"期间教育信息化工作做了部署④。2016 年 6 月，《教育信息化"十三五"规划》发布，对"十三五"教育信息化工作作出明确部署。在教育信息化政策带动下，国家层面实施了一系列教育信息化项目，如"校校通"工程、农村中小学现代远程教育工程（以下简称"农远工程"）和"三通两平台"建设（即宽带网络校校通、优质资源班班通、网络学习空间人人通，建设教育资源公共服务平台、教育管理公共服务平台）。此外，各级政府也有地方性的教育信息化项目，学校也有本校的教育信息化建设计划。在教育信息化实践中，农村中小学教育信息化一直是基础教育信息化发展的重点和难点。2003—2007 年，"农远工程"投入 100 多亿元用于加强农村中小学教育信息化建设。2011 年启动的"农村义务教育薄弱学校改造计划"也累计投入农村教育信息化设备经费 100 多亿元⑤。2012 年 11 月，国家启动"教学点数字教育资源全覆盖"项目，计划为全国所有教学点建成数字教学资源⑥。此外，各级地方政府也有相关的农村教育信息化建

---

① 胡锦涛 . 胡锦涛在全国教育工作会议上的讲话 . http://www.gov.cn/ldhd/2010-09/08/content_1698579.htm.（2010-07-13）[2018-09-10].

② 中华人民共和国教育部 . 国家中长期教育改革和发展规划纲要（2010—2020 年）. http://old.moe.gov.cn/publicfiles/business/htmlfiles/moe/info_list/201407/xxgk_171904.html.（2010-07-29）[2018-09-10].

③ 刘延东 . 把握机遇，加快推进，开创教育信息化工作新局面——在全国教育信息化工作电视电话会议上的讲话 . http://www.moe.edu.cn/publicfiles/business/htmlfiles/moe/s3342/201211/144240.html.（2012-09-05）[2018-09-10].

④ 刘延东 . 教育部关于印发刘延东副总理在第二次全国教育信息化工作电视电话会议上讲话的通知 .http://www.cac.gov.cn/2016-01/25/c_1117878426.htm.（2015-12-28）[2018-09-10].

⑤ 中华人民共和国教育部 .农村义务教育薄弱学校改造计划教学装备类项目实施取得明显成效 . http://www.moe.gov.cn/publicfiles/business/htmlfiles/moe/s5987/201403/165918.html.（2014-03-20）[2018-09-10].

⑥ 中华人民共和国教育部 . 2013 年底实现教学点数字教育资源全覆盖 .http://edu.people.com.cn/n/2012/1126/c1053-19702086.html.（2013-12-18）[2018-09-10].

设项目，农村学校也有学校层面的教育信息化建设活动。

政府对教育信息化的重视，实际上说明了信息技术应用对教育发展的重要性。国内外研究充分证明了信息技术能够在教育教学中发挥重要作用，如优化教育教学，提高教学效率，乃至变革教学方式和学习方式，培养适应21世纪社会发展的人才。此外，信息技术在教育教学中的应用能够推动教育公平，这是我国教育信息化建设的重要思路，也是我国政府在教育信息化发展中所重点强调的。信息技术将优质教育资源传输到农村中小学，让农村中小学师生享受到优质的教育资源。而农村中小学教育信息化的关键是教师，只有教师有效使用了信息技术和优质资源，才能真正优化教学，提高教育质量，并推动学生使用信息技术，培养学生信息化学习能力。因此，农村教师能够使用信息技术在教育信息化发展中更加重要。通过使用信息技术，农村教师可将优质教育资源引入农村学校课堂，推动农村教学方式和学习方式变革，更好地推进新一轮基础教育课程改革（简称"新课程改革"）。应该说，我国中小学教育信息化发展的重点和难点在农村，农村教师信息技术应用事关城乡教育公平，事关农村基础教育质量提升。

第二节　农村教师信息技术应用概念解析

一、信息技术及其应用

信息技术是指信息的表征、获取、存储、传递、加工和利用的技术[1]。信息技术的发展可以分为古代信息技术、近代信息技术和现代信息技术三个阶段[2]，也可以分为语言的产生，文字的创造，印刷术的发明，电信、广播和电视技术，计算机与网络技术五个发展阶段。教育中的信息技术是指20世纪60年

---

[1] 李运林.2013.论教育与信息·信息技术——四论"信息化教育"兼解读"信息技术对教育发展有革命性影响".电化教育研究，（3）：11-15.
[2] 黄荣怀，马丁，张进宝.2008.信息技术与教育.北京：北京师范大学出版社：20-28.

代以来逐渐形成的以计算机和网络为标志的信息技术①。本书语境中的信息技术包括视听技术（广播电视技术等）、计算机技术、整合技术（多媒体网络技术等）②，具体包括硬件技术和软件技术③。一些国家也称信息技术为信息与传播技术（information and communication technology，ICT）。联合国教科文组织将信息与传播技术定义为"用于交流、创造、传递、存储和管理信息的一系列多元化的技术性工具和资源"④。教师和学生可以使用计算机、个人数码助理、电话、交互式电子白板、实物展示台、数码摄像机、数字录音机和播放机、数字投影机等信息与传播技术交流、创造、发布、存储和管理信息⑤。本书中的信息技术具体指20世纪90年代以来农村中小学教育中用到的硬件和软件技术，以"农远工程"相关技术为主要代表。农村中小学的信息技术从硬件方面分析主要有计算机、打印机、电视机、实物投影仪、交互式电子白板、数码相机、互联网、移动网络和卫星网络等。

信息技术教学应用是指将技术资源和技术活动融入日常教学，包括硬件和软件在课堂教学中的应用。信息技术教学应用包括计算机辅助教学、计算机辅助学习、信息技术与课程整合、信息技术与教学融合等。

信息技术应用除了信息技术在课堂教学中的应用，还包括信息技术在教育管理和教师专业发展中的应用。考虑到上述三方面在农村中小学是连贯和融合的，这里采用信息技术应用的提法，但其主要指信息技术教学应用。

二、农村学区

农村义务教育管理体制是"在中央政府（国务院）领导下，地方政府负责，

---

① 汪基德.2006. 由教育信息技术的定义所想起的问题——兼论教育技术学与教育学领域中概念的泛化与歧义. 电化教育研究，（2）：34-38.

② 南国农.2013. 怎样理解信息技术及其教师素养形成. 现代远程教育研究，（1）：3-6.

③ Zakaria Z. 2001.Factors related to information technology implementation in the Malaysian Ministry of Education Polytechnics. Doctoral dissertation，Faculty of the Virginia Polytechnic Institute and State University.

④ Blurton C.1999. New directions of ICT-use in education. UNESCO's World Communication and Information. http://www.unesco.org/education/lwf/dl/edict.pdf.[2012-05-24].

⑤ Hutchison A C. 2009. A national survey of teachers on their perceptions，challenges，and uses of information and communication technology. Doctoral Dissertation，ProQuest，Clemson University.

分级管理"体制①。这种分级管理在 1985—2001 年实际是以乡镇为主，20 世纪 90 年代中期开始，随着分税制和农村税费改革的推行，许多乡镇财力有限，难以支持义务教育维持与发展②。2001 年，国务院颁布了《国务院关于基础教育改革与发展的决定》文件，农村义务教育开始实行以县为主的管理体制。在以乡镇为主的农村义务教育管理体制时期，农村学校的管理主要由乡镇的教育管理委员会负责③，一些地方也称之为乡教育辅导站④。

在以县为主的农村教育管理体制中，县教育局和农村学校中间的管理主要包括农村学区制和乡镇中心校两种模式。本书语境中农村学校在县教育局与农村学校中间的管理体制是农村学区制。"农村教育学区制管理是为了贯彻国家义务教育均衡化发展方针，适应农村教育体制改革需要而创生的一种新型的教育教学合作模式。"⑤作为最重要的教育资源，教师和校长在学区内的流动还是比较频繁的。甘肃省的农村学区除了有学区办公室，乡镇也有中心小学，中心小学发挥教育示范作用⑥。

本书语境中的农村学区构成如图 1-1 所示，学区设学区办公室，负责学区内中学、中心小学、普通小学，以及其他类型教育（学前教育、成人教育等）的管理，学区办公室一般设在中学或中心小学内。农村学区是作为一个整体存在的，学区内所有学校也可以被视为一所大学校，学区主任俗称学区校长。在甘肃省，一般情况下一个乡镇属于一个农村学区，学区办公室负责管理乡镇内所有教育事业。

本书从系统视角分析农村教师信息技术应用影响因素及作用机制的模型，为了更好地从系统视角把握农村教师信息技术应用，笔者进入农村学校，从系统

---

① 刘明武 .2011."以县为主"教育管理体制背景下农村义务教育发展的问题与对策 . 长沙：湖南师范大学硕士学位论文：3-4.

② 袁桂林 .2004.农村义务教育"以县为主"管理体制现状及多元化发展模式初探 . 东北师范大学学报（哲学社会科学版），(1)：115-122.

③ 周生芳，袁桂林 .2009.县域内乡镇教育的重组——对河北省 F 县学区建设的分析 . 教育发展研究，(17)：42-45.

④ 王巧红 .2008.甘肃省农村义务教育负债现状研究——以天祝县天堂学区为例 . 兰州：西北师范大学硕士学位论文：15.

⑤ 王焕霞 .2012.我国农村教育"学区制管理"权能定位策论 . 科技成果纵横，(4)：23-25.

⑥ 刘伶俐 .2011.西部农村中心小学的作用探析——以甘肃省积石山县乩藏学区为例 . 兰州：西北师范大学硕士学位论文：15.

内分析教师信息技术应用。同时,笔者在农村学区系统背景下分析教师信息技术应用,以及在乡镇系统背景下分析教师信息技术应用,然后逐级递升,将农村教师信息技术应用放到县、市、省、全国教育系统下,以及放到乡镇、县、市、省、全国社会系统下进行分析,具体分析视角如下(图1-2)。

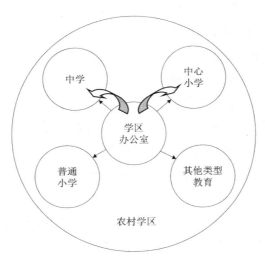

图1-1　农村学区示意图

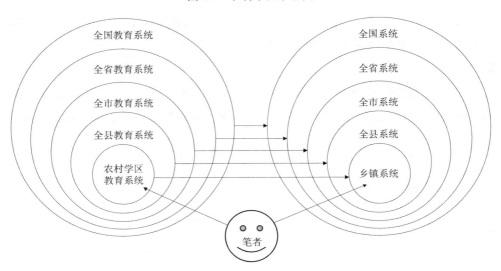

图1-2　农村教师信息技术应用的系统分析视角

第三节　农村教师信息技术应用影响因素研究方法

　　本书采取质的研究范式中的实地研究方式。质的研究是近年来逐渐受到重视的社会科学研究方法，它基于后实证主义、批判理论和建构主义范式。"质的研究是以研究者本人作为研究工具，在自然情境下采用多种资料收集方法对社会现象进行整体性探究，使用归纳法分析资料和形成理论，通过与研究对象互动对其行为和意义建构获得解释性理解的一种活动。"[①]笔者实地进入 A 和 B 两个农村学区，在自然情境下，观察和体会农村教师的信息技术应用现象。在研究过程中，笔者本人就是研究工具，通过与研究对象互动，采用访谈、观察、实物收集等方法收集资料，采用扎根理论编码、历史分析法、案例分析法等方法分析资料，通过对资料的归纳得出研究结论。研究过程中，笔者承担学校的教育教学工作，与研究对象关系融洽，除个别研究对象误解笔者外，多数研究对象都愿意与笔者交流他们日常教育中的信息技术使用经历。笔者的资料收集方法包括深度访谈、实物收集、参与式观察等，资料分析方法包括扎根理论编码、历史分析法、案例分析法等，具体如下（图 1-3）。

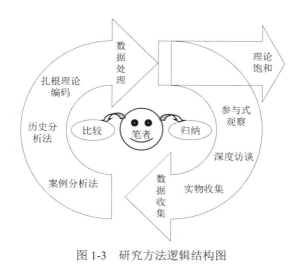

图 1-3　研究方法逻辑结构图

---

　　①　陈向明 .2000. 质的研究方法与社会科学研究 . 北京：教育科学出版社：12-13.

第四节　两个农村学区的基本情况

一、A学区情况介绍

（一）A学区基本情况

A学区属于典型农村学区，A学区的学生基本上都来自A乡。A乡是以农业发展为主的乡镇，农作物主要有小麦、玉米和蔬菜等农作物，农民收入来源主要为农业收入和外出务工。A学区历史分为三个阶段：第一阶段是2007年之前，学区有1所中学（简称A中学）和10所小学（NB、XB、DB、LF、HZ、HX、HM、NG、HSG、GM小学）；第二阶段为2007—2010年，A乡并入另一乡镇（简称AL镇），A学区也并入AL学区；第三阶段为2010年教育布局调整之后，A中学并入县城中学，AL学区的NB、XB、DB、LF、HZ、HX、HM、NG、HSG、GM小学及LSK小学利用中学校舍成立完全寄宿制小学（简称A小学），A小学和保留的两所幼儿园成立A学区。为讨论方便，这里将2007—2010年的A中学和NB、XB、DB、LF、HZ、HX、HM、NG、HSG、GM小学也称为A学区。

通过访谈，笔者了解到A学区在2010年教育布局调整前的情况如下：A中学有初一至初三和小学六年级共16个班级700多名学生，教师人数为30～40人；A学区各小学教学班情况是一至五年级五个班（隔年招生是四个年级四个班），学生人数为60～100名，教师人数一般比班级数多1人，各小学都附带幼儿园。2010年教育布局调整后A学区情况如下：A小学和两所幼儿园，A小学生源都来自原来的NB、XB、DB、LF、HZ、HX、HM、NG、HSG、GM、LSK小学，A小学除3名教师由其他学区调入，其余教师都来自原来的A中学及NB等小学。2014年A小学有19个班级、700多名学生、70多名教师，其中市、县级骨干教师30人，教师大多毕业于中等师范学校，2011年A小学被评为A县高效课堂改革实验先进学校，2012年被评为"两基"迎国检先进集体，2012年学校目标管理责任书考核获一等奖，2012年被评为市级标准化学校。

笔者于2012年5—7月在A学区选取的研究对象有教师、学校（学区）领导、学生、学生家长、县（市）电化教育馆（以下简称"电教馆"）馆长。学生样本包括 20 多名高年级学生，教师样本包括 50 多名普通教师和担任教学工作的学校领导，学校（学区）领导样本有学区主任、学区会计、校长、副校长、教导主任、副教导主任、电化教育中心主任、远程教育管理员、总务主任、学校会计等 20 多人，电教馆馆长样本为市、县电教馆馆长，学生家长样本为 7 名家长。A 学区样本情况如下（表 1-1）。从教师年龄分析：25 岁以下 1 位，25～29 岁 6 位，30～34 岁 13 位，35～39 岁 9 位，40～44 岁 6 位，45～49 岁 10 位，50 岁及以上 12 位。从教师教龄分析：5 年以下 5 位，5～9 年 2 位，10～14 年 13 位，15～19 年 11 位，20～24 年 6 位，25～29 年 8 位，30 年及以上 12 位。从教师所教学科分析：教育布局调整前 HZ 等小学不开设英语和信息技术课，除了这两门课，其他学科教师都教过，一般每名 A 中学教师只带一门课，也有教师带多门课，A 小学教师除了负责一门主科还要兼职一门副科。从教师任职学校分析：HSG 小学 6 位，NG 小学 5 位，DB 小学 7 位，LSK 小学 3 位，HX 小学 5 位，XB 小学 7 位，HZ 小学 7 位，HM 小学 4 位，NB 小学 4 位，GM 小学 6 位，LF 小学 4 位，A 中学 10 位，这些教师都在 A 小学任教[①]。样本中担任领导职务的有：GM 小学校长、LSK 小学校长、TJG 小学校长、HSG 小学校长、XB 小学校长、LF 小学校长、HZ 小学校长、GY 中学校长、A 中学校长、A 小学校长等。

表 1-1 A 学区教师和学校（学区）领导样本基本信息

教师编码	教师年龄（岁）	教师教龄（年）	所教科目	2000 年后工作过的学校	2000 年后担任的领导职务
A1C	35～39	15～19	语文、品德	HSG 小学—A 小学	无
A1H	30～34	10～14	语文、品德	SB 学区 MF 小学—SB 学区 YE 小学—A 小学	A 小学年级主任
A1ZY	25～29	5 以下	语文、品德	NG 小学—DB 小学—A 小学	无
A1L	35～39	10～14	数学、科学	LSK 小学—A 小学	无
A1ZP	30～34	15～19	数学、美术	A 中学—A 小学	无
A1Y	40～44	20～24	数学、体育	HX 小学—DB 小学—A 小学	HX 小学远程教育管理员，A 小学校办公室主任
A2Q	30～34	10～14	语文、音乐	DB 小学—A 小学	无

---

① 只要该教师在某学校工作过，就计为某学校的教师，存在重复计算。

续表

教师编码	教师年龄（岁）	教师教龄（年）	所教科目	2000年后工作过的学校	2000年后担任的领导职务
A2ZJ	30～34	10～14	语文、品德	XB小学—DB小学—A小学	无
A2YY	30～34	10～14	语文、品德	NG小学—A小学	无
A2YJ	35～39	15～19	数学、体育	SX小学—NG小学—HSG小学—A小学	无
A2D	30～34	10～14	数学、品德	HZ小学—NB小学—XB小学—YH小学—TJG小学—HM小学—A小学	HZ小学远程教育管理员
A2ZY	35～39	15～19	数学、品德	HM小学—A小学	HM小学教导主任、远程教育管理员—A小学年级主任
A3LN	25以下	5以下	语文、品德	HX小学—A小学	无
A3Y	45～49	20～24	语文、体育	A中学—A小学	A中学会计
A3L	35～39	15～19	语文、品德	HZ小学—HSG小学—A小学	无
A3ZS	45～49	25～29	数学、美术	GM小学—A小学	GM小学校长、远程教育管理员—A小学年级主任
A3ZXZ	50及以上	30及以上	数学、科学	HM小学—A小学	无
A4HW	40～44	15～19	语文、品德	MSW小学—LSK小学—A小学	无
A4Z	45～49	25～29	语文、品德	AL学区教学点—GM小学—A小学	无
A4YG	40～44	20～24	语文、品德	LF小学—A小学	无
A4HX	30～34	10～14	数学、信息技术	NB小学—DB小学—A小学	DB小学远程教育管理员
A4YF	35～39	15～19	数学、信息技术	TS学区TS中学—A中学—A小学	A小学教导主任
A4LS	50及以上	30及以上	数学、科学	LSK小学—A小学	LSK小学校长—A小学年级主任
A5YJ	45～49	20～24	语文、体育	NG小学—A小学	NG小学教导主任—A小学年级主任
A5LZ	25～29	5以下	语文、科学	GY学区的一所小学—HZ小学—A小学	无
A5J	30～34	10～14	语文、品德	XB小学—HZ小学—A小学	无
A5C	30～34	10～14	语文	HNB学区一所学校—GM小学—A小学	无
A5ZF	45～49	25～29	数学、科学	XB小学—A小学	无
A5L	45～49	25～29	数学、科学	DD学区教学点—A小学	无

续表

教师编码	教师年龄（岁）	教师教龄（年）	所教科目	2000年后工作过的学校	2000年后担任的领导职务
A5P	35～39	15～19	数学、体育	QS学区XW小学—HX小学—A小学	无
A6D	25～29	5～9	语文、品德	XB小学—HM小学—GM小学—XB小学—A小学	XB小学教导主任、远程教育管理员
A6B	30～34	10～14	语文	TS学区一所教学点—XB小学—A小学	XB小学教导主任—A小学副教导主任
A6YHH	45～49	25～29	语文、品德	A中学—A小学	无
A6W	30～34	10～14	数学、体育	LF小学—A中学—A小学	无
A6YHW	25～29	5～9	数学、体育	GM小学—NB小学—A小学	NG小学教导主任
A6YQL	45～49	25～29	数学、体育	GM小学—HSG小学—TJG小学—A小学	HSG小学校长—TJG小学校长—A小学年级主任
A4B	35～39	15～19	英语	A中学—A小学	无
A3ZXL	25～29	5以下	英语	A中学—A小学	无
A5ZJ	25～29	5以下	英语	BG小学—ZZ学区ZZ中学—A小学	无
A6YQB	45～49	20～24	英语	A中学—A小学	无
A2W	50及以上	30及以上	美术	DB小学—A小学	无
A4W	30～34	10～14	体育	YD小学—HSG小学—A小学	HSG小学远程教育管理员
A1YY	30～34	10～14	信息技术	HZ小学—NG小学—LF小学—A小学	LF小学校长—HZ小学远程教育管理员—A学区会计
A1ZJ	35～39	15～19	信息技术	HSG小学—HZ小学—A小学	A小学电教主任—HZ小学教导主任、远程教育管理员
A5D	40～44	15～19	体育、信息技术	A中学—A小学	A小学政教主任
A3G	40～44	20～24	品德	TJG小学—HSG小学—A小学	TJG小学校长—HSG小学校长—A小学副校长
A5YQY	40～44	25～29	品德	GY学区GY中学—A中学—A小学	GY中学校长—A中学校长—A小学校长—A学区主任
AHZL	50及以上	30及以上	宿舍管理	HZ小学—A小学	HZ小学校长—A小学宿管主任
AHYH	50及以上	30及以上	宿舍管理	NB小学—A小学	NB小学教导主任
AHYC	50及以上	30及以上	宿舍管理	HX小学—LF小学—A小学	无
AHW	50及以上	30及以上	伙食管理	XB小学—A小学	XB小学校长—A小学伙食主任

教师编码	教师年龄 （岁）	教师教龄 （年）	所教科目	2000 年后工作过的学校	2000 年后担任的领导职务
AHYD	50 及以上	30 及以上	实验管理	A 中学—A 小学	无
AHZX	50 及以上	30 及以上	门房	HX 小学—A 小学	无
AHLG	50 及以上	30 及以上	园林	DB 小学—A 小学	无
AHH	45 ～ 49	25 ～ 29	门房	A 中学—LF 小学—A 小学	无
AHZR	50 及以上	30 及以上	总务主任	A 中学—A 小学	A 中学总务主任—A 小学总务主任
AHLZ	50 及以上	30 及以上	学校会计	A 学区办公室—A 中学—A 小学	A 学区会计—A 中学会计—A 小学会计

（二）笔者在 A 学区的教学工作

A 学区有 A 小学和两所幼儿园，笔者在 A 学区的教学工作主要集中在 A 小学。笔者在 A 小学主要承担信息技术教学和信息中心日常工作，信息中心电教主任 A1ZJ 老师是笔者的指导教师。具体而言，笔者担任的工作有信息中心日常工作、三年级和四年级共 6 个班的信息技术课教学、六（1）班副班主任等。信息技术课教学由于计算机教室更新等原因，每个班只上过 3 节信息技术课。笔者的主要工作是协助电教主任完成学校信息化建设及日常运行维护。笔者在 A 小学的信息技术课程表如下（表 1-2）。

A 小学信息中心负责学校信息化建设、运行维护和管理工作，包括计算机、计算机网络、校园广播系统、电子屏系统、视频监控系统、多媒体教学系统、电

表 1-2　笔者在 A 小学的信息技术课程表

节次	星期一	星期二	星期三	星期四	星期五
	晨读				
1					
2					
3	三（1）信息技术	四（1）信息技术			
	午休				
4	三（2）信息技术	四（2）信息技术			
5	三（3）信息技术	四（3）信息技术			
	课外活动				
6					

视闭路系统等建设和维护，以及教师信息技术培训和学校信息化规划等。总之，信息中心负责所有与信息技术相关的工作。笔者在信息中心参与的工作包括学校计算机教室建设、学生电子阅览室建设、电子白板教室管理和维护、普通教室多媒体和网络建设、校园广播系统和电子屏系统管理、校园视频监控系统维护、图书电子登记、六一儿童节音响系统保障、"农远工程"模式二授课记录登记等。由于农村学校工作繁重，只要学校工作需要，笔者就会参加。

二、B 学区情况介绍

（一）B 学区基本情况

B 小学位于乡镇中心，该乡镇的农民主要以种植蔬菜和打工为生。B 学区在 2010 年教育布局调整前有 7 所小学和 1 所中学，教育布局调整后有 5 所小学，分别为 GJY 小学、GDZ 小学、TPB 小学、HLG 小学和 B 小学，其中 B 小学是中心小学，学区办公室设在 B 小学。2012 年笔者从访谈中得知 B 学区共有 800 多名学生，其中，GDZ 小学有 130 多名学生，TPB 小学有 90 多名学生，HLG 小学有 80 多名学生，GJY 小学有 70 多名学生，B 小学有 430 多名学生。B 学区共有 70 多名教师，其中 GJY 小学、GDZ 小学、TPB 小学、HLG 小学的教师人数为 11 ～ 13 名，B 小学教师人数为 30 名。

笔者在 B 学区选取了 B 小学作为研究现场，其他 4 所小学的情况是笔者通过间接途径了解的。B 小学创办于 1919 年，2014 年有 12 个教学班，最少的班级学生人数为 29 人，最多的班级学生数为 46 人。B 小学先后荣获"B 县小学教学质量优秀奖""B 市教育质量优秀奖""B 县教育系统先进集体""B 市课外活动先进学校""B 市标准化学校""B 县'五化三园'学校"等荣誉。

笔者在 B 学区抽取的研究对象有教师、学校（学区）领导、学生、学生家长、县电教馆馆长。学生样本包括 180 多名高年级学生，教师样本包括 20 多名普通教师和学校（学区）领导，学校（学区）领导样本有学区主任、学区督导、校长、副校长、教导主任、总务主任、学校会计等 10 位领导，电教馆馆长为县电教馆馆长，学生家长样本有 200 名学生家长。B 学区样本基本情况如下（表 1-3）。从教师年龄分析：30 岁以下没有，30 ～ 34 岁 3 位，35 ～ 39 岁 1 位，

40～44岁8位，45～49岁6位，50岁及以上4位。从教师教龄分析：5年以下没有，5～9年1位，10～14年3位，15～19年3位，20～24年8位，25～29年3位，30年及以上4位。从教师所教学科分析：B小学规模较大，每名教师一般只负责一门主科和一门副科，多数教师曾在规模较小的学校任教，所以多数教师都教授过多门课程。样本中担任领导职务的有：GJY小学校长、B小学校长、XY小学校长、TPB小学教导主任、B小学教导主任、B学区主任、B学区督导、B小学副校长等。

表 1-3　B 学区教师和学校（学区）领导样本基本情况

教师编码	教师年龄（岁）	教师教龄（年）	教过的科目	2002 年后工作过的学校	2002 年后担任过的领导职务
BYL	40～44	15～19	语文、科学、成长教育	HLG 小学—B 小学	无
BYJ	40～44	20～24	语文、音乐、成长教育	TPB 小学—B 小学	TPB 小学教导主任—B 小学语文教研室主任
BYLJ	40～44	20～24	语文、劳动技术	B 小学	B 小学教导主任
BYD	45～49	20～24	语文、音乐、成长教育	B 小学	无
BYN	40～44	20～24	语文、品社、成长教育	GJY 小学—B 小学	无
BYY	30～34	10～14	语文、美术、成长教育	未掌握—B 小学	无
BYZ	40～44	15～19	语文、美术、成长教育	未掌握—B 小学	无
BYLG	45～49	25～29	英语	GDZ 小学—B 小学	B 小学副校长
BSLS	45～49	25～29	音乐	XY 学区 XY 中学—B 中学—B 小学	无
BSYZ	45～49	20～24	体育、品社	B 中学—B 小学	无
BSGH	50及以上	30及以上	体育	GJY 小学—B 小学	B 小学总务主任
BSGX	45～49	25～29	体育	B 小学	B 小学学校会计
BSLZG	30～34	10～14	数学、信息技术	HQ 学区 HQ 小学—B 小学	无
BSLD	50及以上	30及以上	品社、美术、体育	GDZ 小学—B 小学	无
BSLL	45～49	20～24	数学、科学、校本课程	TPB 小学—B 小学	无
BSLZH	50及以上	30及以上	数学、体育	B 学区办公室—GJY 小学—B 小学	B 学区督导、GJY 小学校长
BSWD	40～44	20～24	数学、成长教育	B 中学—B 小学	无

续表

教师编码	教师年龄 （岁）	教师教龄 （年）	教过的科目	2002 年后工作过的学校	2002 年后担任过的领导职务
BSWH	35 ~ 39	10 ~ 14	数学、信息技术	YZ 学区 YZ 学校—B 中学—B 小学	B 小学数学教研室主任
BSYL	30 ~ 34	5 ~ 9	数学、信息技术	LP 学区 LP 学校—B 小学	B 小学少先大队辅导员
BYW	40 ~ 44	15 ~ 19	品社	B 学区办公室—B 中学—B 小学	B 小学校长
BXD	40 ~ 44	20 ~ 24	学区办公室	XY 小学—B 学区办公室	XY 小学校长—B 学区主任
BXL	50 及以上	30 及以上	学区办公室	B 小学—B 学区办公室	B 学区教学督导

（二）笔者在 B 学区的教学工作

B 小学没有电教中心和信息中心，学校信息化工作主要由 BSLZG 老师兼职负责。笔者在 B 小学承担教学工作及信息化相关工作，教学工作包括信息技术和科学课教学等，信息化工作包括图书电子登记、教学资源下载、校刊编辑等。笔者在 B 小学的课程表如下（表 1-4）。

表 1-4　笔者在 B 小学的课程表

节次	星期一	星期二	星期三	星期四	星期五
			晨会		
1					
2					
			眼保健操　课间操		
3	科学［五（2）班］	科学［五（1）班］	科学［五（2）班］		科学［五（1）班］
			午休		
4			安全［一（1）班］	信息技术 ［五（1）班］	
5		自习［一（1）班］	信息技术 ［六（2）班］	信息技术 ［六（1）班］	
			眼保健操		
6	信息技术 ［四（2）班］	信息技术 ［五（2）班］	信息技术 ［四（1）班］		
7					

第二章

信息技术应用的研究基础

第一节　信息技术应用的评判标准

刘美凤等从技术认定视角提出信息技术应用的评判标准是信息技术应用的有效性，即它作为手段是否促进了人的发展这个根本目的的有效实现。从系统论思想理解，有效应用是要做到教育信息化的每个组成要素之间及它们与学校的其他教学与管理要素之间是协调和匹配的，是最合适、最恰当的。从理论上讲，信息技术在教育中的有效应用可以体现在三个方面，即有效果（信息技术的应用确实能够有效地促进学生发展）、有效率（单位时间内的工作量）和有效益（人们活动所产生的结果和带来的利益，主要体现在社会效益）[①]。何克抗认为，"信息技术与课程整合，就是通过将信息技术有效地融合于各学科的教学过程来营造一种信息化教学环境，实现一种既能发挥教师主导作用又能充分体现学生主体地位的以'自主、探究、合作'为特征的教与学方式，从而把学生的主动性、积极性、创造性较充分地发挥出来，使传统的以教师为中心的课堂教学结构发生根本性变革——由以教师为中心的教学结构转变为'主导-主体相结合'的教学结构"[②]。其中，营造信息化教学环境、实现新型教与学方式、变革传统教学结构是信息技

---

①　刘美凤，王春蕾，徐恩芹.2007.信息技术教育应用的必要性及其评判标准.北京师范大学学报（社会科学版），（5）：28-33.

②　何克抗.2009.对国内外信息技术与课程整合途径与方法的比较分析.中国电化教育，（9）：7-16.

术与课程整合的三种基本属性[①]。孟琦根据有效教学的定义，提出从"目的、情境、技术、效果和原因"五个方面判定信息化教学的有效性。首先，在评价信息技术应用是否合适时，先明确应用该技术的教学环节的教学目的（要关注教学环节而不是整节课，进而从微观层面更细致地分析技术应用带来的教学效果），然后分析具体情境中技术的功能和应用方式带来了什么样的教学效果，这种效果是否符合预想的教学目的。如果符合，信息化教学是有效的，反之则无效。最后，反思产生该教学效果的原因，以便不断地改善教学[②]。胡晓玲依据有效教学理论认为有效信息化教学涉及三个层面（信息化教学形态、信息化教学设计和信息化教学理念）、四个方面的要素（信息化教学目标、信息化教学情境、信息化教学策略和信息化教学评价）。在此基础上，胡晓玲提出有效信息化教学的四个特征，即信息化教学目标的科学性与弹性、信息化教学情境的协调性与流畅性、信息化教学策略的合理性与灵活性、信息化教学评价的多元性与发展性[③]。刘香玉分析了国外 ICT 教育应用指标研究，回顾了国内 ICT 教育应用有效性评价研究，指出国外研究对我国教育背景下选择和运行 ICT 教育应用有效性指标的启示[④]。

信息技术应用评判也可以从信息技术应用的发展阶段来解读。苹果未来教室项目（Apple Classroom of Tomorrow）发现教师信息技术应用一般经历 5 个阶段：①入门阶段，教师忙于学习技术技能；②采纳阶段，教师开始在教学中应用技术，但主要用于教学生如何使用技术；③适应阶段，学生学习能力开始出现多方面提高，教师有更多时间开展有助于培养学生高级思维技能的学习活动，更为关注教学策略的选择；④迁移阶段，教师变得更为熟练、专业，出现项目学习、个性化学习等新的学习方式，不同学科间开始合作；⑤创新阶段，教师尝试各种新的教与学方式促进学生发展[⑤]。美国佛罗里达州技术整合矩阵根据有意义学习环境的五个特征（主动性、合作性、建构性、真实性、基于目标导向）和技术与教学整合的五个阶段（入门、采纳、适应、融合和转型），制作了 25 格的技术与教学

① 何克抗 .2011. 我国教育信息化理论研究新进展 . 中国电化教育，（1）：1-19.

② 孟琦 .2008. 信息化教学有效性的解读与对策分析 . 全球教育展望，（1）：58-61.

③ 胡晓玲 .2012. 信息化教学有效性解读 . 中国电化教育，（5）：33-37

④ 刘香玉 .2007. 国际 ICT 教育应用有效性指标研究及启示 . 长春：东北师范大学硕士学位论文：20.

⑤ Dwyer D C，Ringstaff C，Haymore J，et al. 1994. Apple Classrooms of Tomorrow. Educational Leadership，51（7）：4-10.

整合矩阵[①]。马宁和余胜泉根据信息技术与课程整合的不同程度和深度将整合进程分为三个阶段：封闭式的以知识为中心的课程整合阶段（信息技术作为演示工具、交流工具、个别辅导工具）；开放式的以资源为中心的课程整合阶段（信息技术提供资源环境，信息技术作为信息加工工具、协作工具、研发工具）；全方位的课程整合阶段（教学内容改革、教学目标改革、教学组织架构改革）[②]。林秀钦和黄荣怀将教师信息技术应用型态分为 6 种，包括感知型、学习准备型、采纳初期型、熟练应用型、角色转换型和初期整合型[③]。顾小清将教师信息化专业发展表述为了解、应用、整合和创新 4 个阶段[④]。Christensen 划分的教师技术采纳阶段包括意识阶段、学习阶段、理解和应用阶段、熟悉和自信阶段、灵活应用阶段、创造性应用阶段[⑤]。郭绍青等指出农村远程教育中教师的教育技术能力发展有 6 个阶段：迷茫阶段、准备阶段、模仿阶段、积累发展阶段、熟练阶段和创新阶段。不同教师在接触农村远程教育三种模式时可能会处于不同教育技术能力发展阶段。农村远程教育三种模式应用于学校要经历 5 个发展阶段：设备闲置期、设备低效益运行期、尝试应用期、发展应用期和自然应用期。教师教育技术能力发展水平与学校远程教育三种模式教学应用发展水平是相对应的，迷茫阶段与设备闲置期对应，准备阶段与设备低效益运行期对应，模仿阶段与尝试应用期对应，积累发展阶段和熟练阶段与发展应用期对应，创新阶段与自然应用期对应[⑥]。

综合而言，可将信息技术应用评判简单地理解为三效，即有效果、有效率、有效益。进一步而言，信息技术应用评判必然要求改革传统的学生评价方式，建立新型学生学习评价[⑦]。从信息技术应用的主体分析，信息技术应用评判应该是发展性的，不同发展阶段的教师有着不同的信息技术应用评判标准，关键是如何

① Welsh J，Harmes J C，Winkelman R. 2011. Florida's technology integration matrix. Principal Leadership，12（2）：69-71.

② 马宁，余胜泉 .2002. 信息技术与课程整合的层次 . 中国电化教育，（1）：9-13.

③ 林秀钦，黄荣怀 .2010. 中小学教师的信息技术教学应用型态及其障碍研究 . 中国电化教育，（3）：31-36.

④ 顾小清 .2003. 面向信息化的教师专业发展模式研究与展望 . 中国电化教育，（8）：17-20.

⑤ Christensen R. 2002. Effects of technology integration education on the attitudes of teachers and students. Journal of Research on Technology in Education，34（4）：411-433.

⑥ 郭绍青，王珠珠，陈美玲 .2007. 农村远程教育中教师能力水平与学校应用发展研究 . 电化教育研究，（11）：27-31.

⑦ Culp K M，Honey M，Mandinach E. 2005. A retrospective on twenty years of education technology policy. Journal of Educational Computing Research，32（3）：279-307.

支持教师从低级信息技术应用型态转化到高级信息技术应用型态。

第二节　信息技术应用的推广理论

　　信息技术在教育中的应用必然引起教育在某种程度上的改变，它在本质上是一种教育创新。要在学校及其他教育领域实施并推广这一革新，就需要考虑教师和学生对信息技术的接受和采纳程度。

一、罗杰斯的创新推广理论

　　创新推广理论的研究产生于社会学领域，美国学者罗杰斯于 1962 年在其专著《创新的扩散》中对这一理论做了经典阐述[①]。创新推广理论是研究一种创新通过某种渠道随时间推移在社会系统成员中进行传播的基本规律和过程的理论。罗杰斯认为，创新是一种被个人或机构采纳的新观念、新方法或新事物，而推广是指创新被采纳并获得某一团体成员接受的过程[②]。创新推广过程主要受到创新自身特征、沟通渠道、创新决策类型、社会系统性质、创新代理人的努力等因素的影响，这些因素如图 2-1 所示。

　　罗杰斯提出的创新推广理论主要包括四个方面的内容。①感知属性理论：创新的可能采用者根据创新本身相对优势、相容性、复杂性、可试验性、可观察性五个属性决定是否接受该创新。也就是说，创新的可能采用者认为一项创新具备以下五个特点：创新本身具有优越的品质、与现有系统兼容、创新技术难度低、在采用前可试用和结果可观察，则该创新的推广速度将加快。②创新决策过程理论：该理论认为推广是一个随时间发生的过程，包括认知、说服、决定、实施和确认五个阶段。根据这个理论，创新的潜在采纳者必须先了解这个创新，

[①]　埃弗雷特·M. 罗杰斯 .2002. 创新的扩散（第四版）. 辛欣译 . 北京：中央编译出版社：55-58.

[②]　黄荣怀，江新，张进宝 .2006. 创新与变革：当前教育信息化发展的焦点 . 中国远程教育，（4）：52-58，80.

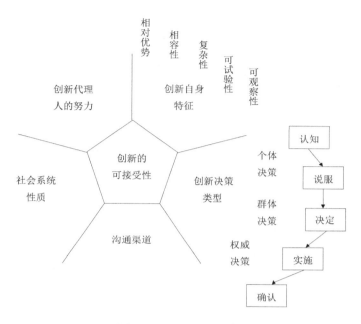

图 2-1　创新的可接受性

然后被创新的优点说服，再决定采纳和应用创新，最后决定是否采纳创新。③个体创新理论：该理论认为有创新倾向的人会比没有创新倾向的人更早采纳一种创新。创新的采纳者分为革新者、早期采纳者、早期采纳人群、晚期采纳人群和落后者，其中创新采纳的革新者约占总数的 2.5%，早期采纳者约占总数的 13.5%。④采纳速度理论：创新推广的传播过程随时间呈现 S 曲线，也就是创新推广的早期，采纳者很少，进展速度很慢；当采纳者人数扩大到总人数的 10% ～ 25%时，进展突然加快；在接近饱和点时，进展又会减缓。创新的早期采纳者在创新推广中发挥重要作用。

二、富兰的教育变革理论

迈克尔·富兰认为教育变革呈现非线性和复杂性特点。非线性是指"变革是非直线的，充满着不确定性，有时还违反常理"[①]。教育变革从启动到实施和制

---

① 迈克尔·富兰 .2004. 变革的力量——透视教育改革 . 中央教育科学研究所译 . 北京：教育科学出版社：30.

度化不是一个线性过程，每个阶段都存在着无数的影响因素及其与其他因素相互作用而产生的新因素。教育变革的复杂性是由变革的对象——教育系统本身的复杂性决定的。教育系统是一个复杂系统，具有开放性、不稳定性和无序的特点。同时，对教育系统走向的预测非常困难，教育系统的变化总是存在蝴蝶效应。另外，教育系统除了具有自然系统的一般特点，还具有自身的社会性特点[①]。

很多研究认为变革的过程可分为三个阶段：阶段Ⅰ指变革的启动阶段，指为变革做准备，即做出决定采纳或者继续某项变革；阶段Ⅱ指实施或最初使用阶段，指把某种理念或者变革付诸实施的最初经验；阶段Ⅲ又被称为继续、合并、常规化或制度化阶段，指变革是否发生及是否成为系统的一部分，或者变革是否因某项决定或因损耗而废除、消失[②]。

影响教育变革启动的因素包括革新的质量和存在方式，革新的渠道，来自中心管理者的鼓励，教师的支持，外在的变革代理，社区的压力、支持和理解，新政策和资金支持，问题解决取向和官僚取向。

影响教育变革实施的因素包括变革特征、当地特征、外部因素三方面共九个因素。变革特征包括需求、清晰性、复杂性、质量 / 实用性；当地特征包括社区、校长和教师；外部因素指政府和其他机构。

教育变革的持续性问题也应该获得应有的注意。某种程度上，持续性代表着另一种采纳的决定，它可能是消极的，或即使是积极的但也未必得到实施。持续性问题对所有新项目都是地方性的。Huberman 和 Miles 强调革新是否能持续或者制度化取决于变革是否（通过政策、预算和时间安排等）成为组织框架的一部分；在制度化阶段是否培养了大量善于且致力于变革的教师和管理人员；是否建立了继续提供辅助的程序，尤其是为新教师和管理者提供辅助的程序。

三、技术接受模型

技术接受模型（technology acceptance model，TAM）是 Davis 在理性行为理论（theory of reasoned action，TRA）的基础上提出的，主要用于解释用户对信

---

① 何齐宗，周益发 .2009. 教育变革的新探索——迈克尔·富兰的教育变革思想述评 . 教育研究，（9）：86-91.

② 迈克尔·富兰 .2010. 教育变革的新意义 . 武云斐译 . 上海：华东师范大学出版社：66.

息技术接受的决定性因素[①]。TAM 模型结构如图 2-2 所示。

　　TAM 模型论证了自我效能感和结果预期对用户使用技术态度的影响。自我效能感和结果预期变量也分别被称作感知易用性和感知有用性。在 TAM 模型中，用户使用技术的行为意向可以由感知有用性和使用态度两个变量来确定，使用态度由感知有用性和感知易用性两个变量来确定，感知有用性受到感知易用性的影响（即越易用就会越有用）。外部变量对用户行为意向的影响通过感知有用和感知易用来实现。外部变量包括系统设计特征、用户特征、任务特征、开发或执行过程的本质、政策影响、组织结构等[②]。

　　其中，感知有用性是用户主观上认为使用某一特定系统对他的工作业绩提高的程度。感知易用性是指用户主观上认为使用某一特定系统所付出努力的程度。使用态度是指个人对使用该项技术的正面或负面的感受。行为意向指个人使用该项技术的意愿的强烈程度[③]。

　　TAM 模型通过几个简单的概念很好地解释了人们对技术的接受，并提出了两个具体概念——感知有用性和感知易用性，这两个概念具有很强的可操作性，

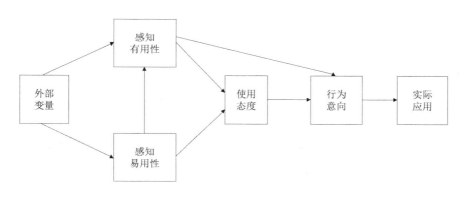

图 2-2　TAM 模型

① 刘禹，陈玲，余胜泉 .2012. 西部农村中小学教师信息技术使用意向影响因素分析 . 中国电化教育，（8）：57-61，17.

② 徐恩芹，张景生，任立春 .2011. 基于技术接受模型的精品课程推广应用研究 . 中国电化教育，（3）：68-71.

③ 赵昆，张建强 .2010. 技术接受模型 TAM 在教学软件评价选择中的实证研究 . 中国教育信息化，（5）：75-77.

为信息技术接受研究提供了明确的参考变量。但是 TAM 模型舍弃了理性行为理论中的主观规范，这一点还有待商榷，因为在组织环境中，信息系统的使用者会感受到很多社会压力，如来自上级、同事的压力，所以主观规范应该要考虑的①。

第三节　信息技术应用的影响因素

影响信息技术应用的因素包括与教师、学生、学校环境、社区、教育政策、信息技术等相关的因素。一些研究将影响因素分为外在因素和内在因素，但划分的具体含义不同，学者有不同看法；Ertmer 称外在因素为首要影响因素，包括设备使用权、时间、支持、资源和培训，内在因素是第二位的影响因素，包括态度、理念、实践和抵触②；而 AL-ALwani 认为，外在因素是与机构相关的因素，内在因素是与教师、管理人员等个人相关的因素③。也有研究将影响因素分为教师层面的影响因素和学校层面的影响因素，英国教育传播与技术署（British Educational Communications and Technology Agency，BECTA）认为，教师层面的因素包括缺少时间、缺乏自信、抵触改革等，学校层面的因素包括缺乏有效的信息技术培训、缺乏可利用资源等④。Afshari 等将教师和学校层面的影响因素区分为不易操控的因素和易于操控的因素，不易操控的影响因素也就是不能直接操控的因素，比如年龄、教学经验、计算机使用经验、政府政策、社区支持等，易于操控的影响因素包括教师态度、ICT 知识、教学技能、学校对技术教学应用的推

---

① Legris P，Ingham J，Collerette P. 2003. Why do people use information technology? A critical review of the technology acceptance model. Information & management，40（3）：191-204.

② Ertmer P A. 1999. Addressing first-and second-order barriers to change：Strategies for technology integration. Educational Technology Research and Development，47（4）：47-61.

③ Al-Alwani A E. 2005. Barriers to Integrating Information Technology in Saudi Arabia Science Education. Unpublished doctoral dissertation，University of Kansas，U.S.A.

④ Jones A. 2004. A Review of the Research Literature on Barriers to the Uptake of ICT by Teachers. British Educational Communications and Technology Agency.http://www.becta.org.uk.[2014-05-20].

动等[①]。Balanskat 等将影响因素分为微观、中观和宏观三个层面，微观因素是指与教师使用 ICT 态度和方法相关的因素，中观因素是指与学校情境有关的因素，宏观因素是指更广阔系统层面的因素[②]。刘美凤将影响因素分为微观（学科教学系统）、中观（学校系统）和宏观（国家和社会系统）三个层面[③]。Pelgrum 将相关影响因素分为物化和非物化两种类别，物化类影响因素指缺乏计算机硬件或教学软件等，非物化类影响因素指教师缺乏 ICT 知识和技能、教师 ICT 教学整合困难、教师时间紧张等[④]。林丽娟等的研究将影响因素分为环境、个人、社会和课程四个类别[⑤]。

综合前人对信息技术应用影响因素的分类，本书从微观（课堂系统）、中观（学校系统）和宏观（学校系统以上）三个层面分析影响因素及其作用机制模型。

一、微观层面的影响因素

（一）教师

教师是课堂教学的实施者，课堂教学的创新行为需要教师参与，教师也是这些创新的决策人或指导者，毫无疑问教师也是将技术整合于课堂的关键因素[⑥]。如果教师不知道信息技术工具能做什么，或者畏惧信息技术，或者误解信息技术的用途，那么教师就不会有效使用信息技术，甚至根本就不使用。

1. 信息化教学知识和能力

（1）信息技术技能和熟练程度

影响教师将技术整合到课堂教学中最可预见的障碍是教师缺乏计算机知识

① Afshari M，Bakar K A，Luan W S，et al. 2009. Factors affecting teachers' use of information and communication technology. Online Submission，2（1）：77-104.

② Balanskat A，Blamire R，Kefala S. 2006. The ICT impact report：A review of studies of ICT impact on school in Europe. European Schoolnet，（1）：1-71.

③ 刘美凤 .2010. 信息技术在中小学教育中应用的有效性研究 . 北京：教育科学出版社：26.

④ Pelgrum W J. 2001. Obstacles to the integration of ICT in education：results from a worldwide educational assessment. Computers & Education，37（2）：163-178.

⑤ Lin L J，Hong J C，Horng J S，et al. 2006. Factors influencing technology integration in teaching：A Taiwanese perspective. Innovations in Education and Teaching International，43（1）：57-68.

⑥ Groff J，Mouza C. 2008. A framework for addressing challenges to classroom technology use. AACE Journal，16（1）：21-46.

和技能。先前拥有计算机经验的教师比没有经验的教师能够更快、更自然地学习新的计算机技能。当然，这些教师将技术用于教学方面也更加灵敏。Newhouse认为，许多教师正是因为缺乏使用计算机的知识和技能而不愿意在教学实践中使用信息技术[1]。该因素在不同国家的影响程度不同，相关研究显示，在发展中国家，缺乏信息技术技能是影响教师采纳技术的主要障碍[2]。例如，我国学者认为中国教师的信息素养的缺乏是影响信息技术有效应用的关键因素[3]。Albirini通过研究得出缺乏技术能力是阻碍叙利亚高中英语教师使用信息技术的主要障碍之一[4]。在沙特阿拉伯，教师缺乏信息技术技能是影响技术整合于教学的重要因素[5]。Pelgrum对26国中小学所做的调查显示，教师缺乏 ICT 知识和技术是影响 ICT 教学应用的重要因素[2]。Balanskat 等所做的研究显示，在丹麦许多教师不使用 ICT 是因为这些教师缺乏 ICT 技能而不是教学法知识，但是在荷兰，教师的ICT 知识和技能并不是影响 ICT 教学应用的主要障碍[6]。

（2）信息化教学法知识和技能

除了缺乏技术知识和技能，一些教师也不熟悉使用技术的教学法。当计划将技术整合于课堂教学时，教师需要依靠技术支持的教学法知识和技能[7]。依据技术在教学中发挥的作用，技术支持的教学法可以分为替代、增强和改革三类。替代形式的技术是指技术用不同方式实现相同的教学目标。例如，教师将一首诗制作成 PPT 并投影出来。这种教学活动取代了将诗歌写在海报上，通过幻灯片投影学生也实现了阅读诗歌的目的。技术实现增强功能是指使用技术能够更高效地完成教学任务。例如，教师要求学生修改同伴输入到 Word 的作文，与用笔写

① Newhouse P. 2002. Literature review：The impact of ICT on learning and teaching. Perth，Western Australia：Department of Education.

② Pelgrum W J. 2001. Obstacles to the integration of ICT in education：results from a worldwide educational assessment. Computers & Education，37（2）：163-178.

③ 林秀钦，黄荣怀.2010. 中小学教师的信息技术教学应用型态及其障碍研究. 中国电化教育，（3）：31-36.

④ Albirini A. 2006. Teachers' attitudes toward information and communication technologies：The case of Syrian EFL teachers. Computers & Education，47（4）：373-398.

⑤ Al-Alwani A E. 2005. Barriers to Integrating Information Technology in Saudi Arabia Science Education. Unpublished doctoral dissertation，University of Kansas，U.S.A.

⑥ Balanskat A，Blamire R，Kefala S. 2006. The ICT impact report：A review of studies of ICT impact on school in Europe. European Schoolnet，（1）：1-71.

⑦ Hughes J. 2005. The role of teacher knowledge and learning experiences in forming technology-integrated pedagogy. Journal of Technology and Teacher Education，13（2）：277-302.

的作文相比，作者根据同伴的评语修改作文的能力提高了，因为作者不需要每次都根据反馈意见重新抄写一遍作文。技术实现变革功能是指技术通过改组认知过程和解决问题活动提供创新型教学机会[1]。例如，学生能够使用数据库和图形绘制软件进行探索性数据分析、数据归类，以及设计和验证数据间的关系。许多教师还没有掌握变革型的技术支持教学法，原因是教师专业发展活动主要集中于教师如何操作技术设备。

（3）信息化课堂管理知识和技能

缺乏信息化课堂管理知识和技能是技术与课程整合的一个障碍。课堂管理被认为是影响学生学习的最重要因素[2]。一般而言，传统课堂管理包含有一套管理学生行为的指导方针。虽然非技术支持的课堂教学管理规则和程序也可以服务于技术支持的课堂教学管理，但是由于后者包含了计算机、打印机、CD-ROM（只读光盘）等，所以需要额外的管理规则和程序[3]。在技术支持的课堂中，教师必须掌握与技术相关的课堂管理技能，比如如何有效组织课堂让学生都有机会使用计算机，或者当学生操作计算机遇到技术问题时该怎么办[4]。实证研究表明，缺乏技术课堂管理技能将会阻碍技术与教学整合[5]。

2. 观念、态度和理念

教师的观念、态度和理念是影响课堂活动的强大力量。教师教育理念影响教师的专业实践，自然也会影响教师对新技术的采用[6]。如果要在课堂中成功整合技术，教师就必须对技术持有积极态度，并且使用这种教学工具时所得的体验是舒适的。但是，在技术整合于教育实践中，教师态度并不总是教育技术工作者

① Pea R D. 1985. Beyond amplification : Using the computer to reorganize mental functioning. Educational psychologist，20（4）：167-182.

② Wang M C，Haertel G D，Walberg H J. 1993. Toward a knowledge base for school learning. Review of Educational Research，63（3）：249-294.

③ Lim C P，Teo Y H，Wong P，et al. 2003. Creating a conducive learning environment for the effective integration of ICT : Classroom management issues. Journal of Interactive Learning Research，14（4）：405-423.

④ Hew K F，Brush T. 2007. Integrating technology into K-12 teaching and learning : Current knowledge gaps and recommendations for future research. Educational Technology Research and Development，55（3）：223-252.

⑤ Newhouse D C P. 2001. A follow-up study of students using portable computers at a secondary school. British Journal of Educational Technology，32（2）：209-219.

⑥ Haney J J，Lumpe A T. 1995. A teacher professional development framework guided by reform policies，teachers' needs，and research. Journal of Science Teacher Education，6（4）：187-196.

所期待的积极态度，一些教师仍然怀疑技术在教育中应用的价值[①]。

（1）抵制变革的态度

由于教学中使用计算机意味着挑战教师现有的课堂角色，教师经常对技术充满忧虑[②]。当尝试一项基于技术的教学活动时，教师可能发现他们充当的是教学设计者、助理员、合作者、团队协调者、指导者和评估者。当教师请教学生如何使用技术时，教师也可能会充当学生角色，而这种学生角色对于许多教师而言是一种不舒服的角色。由于技术引进课堂会改变教师原来的角色，一些教师抵制在教学中应用信息技术。许多研究证实教师态度和对变革的抵制态度是影响技术整合于教学的关键因素[③~⑤]。BECTA 认为，教师抵制变革是新技术在教育中推广的重要障碍[⑥]。

澳大利亚的 Watson 认为，将新技术整合到教育中需要变革，而不同教师处理变革的方式也不同。教师理念影响教师在教室的所作所为，所以考虑教师应对变革的态度是必要的[⑦]。BECTA 认为，影响教师态度的一个关键成分是教师对技术如何让教学和学生学习受益的理解[⑥]。Schoepp 的研究显示，虽然教师感觉有足够的技术设备，但是他们并不相信技术整合于教学中能够使其得到支持、指导或者奖励[⑤]。根据 Empirica 的研究，教学中不使用计算机等新技术的教师仍然认为使用 ICT 并不能获益或者不清楚能够获益什么[⑧]。

---

① Groff J，Mouza C. 2008. A framework for addressing challenges to classroom technology use. AACe Journal，16（1）：21-46.

② Zhao Y，Pugh K，Sheldon S，et al. 2002. Conditions for classroom technology innovations. Teachers College Record，104（3）：482-515.

③ Cox M，Preston C，Cox C. 1999. What Factors Support or Prevent Teachers from Using ICT in the Primary Classroom. Paper presented at the British Educational Research Association annual conference. University of Sussex at Brighton.[2014-11-01].

④ Earle R S. 2002. The integration of instructional technology into public education：Promises and challenges. Educational Technology，42（1）：5-13.

⑤ Schoepp K. 2005. Barriers to technology integration in a technology-rich environment. Learning and teaching in higher education：Gulf Perspectives，2（1）：1-24.

⑥ Jones A. 2004. A Review of the Research Literature on Barriers to the Uptake of ICT by Teachers. British Educational Communications and Technology Agency. http://www.becta.org.uk. [2014-05-20].

⑦ Watson G. 1999. Barriers to the integration of the Internet into teaching and learning：Professional development. In Asia Pacific Regional Internet Conference on Operational Technologies（Vol. 9）.

⑧ Korte W B，Hüsing T. 2006. Benchmarking access and use of ICT in European schools 2006：Results from Head Teacher and A Classroom Teacher Surveys in 27 European countries. Empirica，（1）：0.

拒绝变革本身并不是制约技术整合于教育的障碍。事实上，拒绝变革暗示了一些事情是错误的。换言之，教师拒绝变革是有原因的。Cox 等的研究发现，如果教师体会不到变革教学实践的需求，就不太可能在教学中使用新技术。抵制变革的教师并不拒绝变革的需求，而是缺乏接受变革的必要培训及没有充分的机会去理解新技术对他们的意义[1]。

（2）教学理念

Hermans 等的研究证实教师的教学理念是解释教师为什么在课堂教学中使用计算机的关键因素，建构主义教学理念对技术教学应用有积极影响，而传统教学理念对技术教学应用有消极影响[2]。信息技术支持的教学任务需要教师直面他们的教学理念[3]。如果技术支持的教学活动与教师的教学理念更易匹配，这些教师就容易获得成功[4]。有效技术支持的教学情境应该是以学生为主体的情境。这种情况常常与社会上传统的课堂观念相冲突，传统观念认为教师是知识的唯一"经销商"。因此，如果教师想有效地在教学中应用信息技术，就必须实现从以教师为中心的课堂转变到"以学生为中心"的课堂[5]。伴随着信息技术应用次数和能力的增长，这种转变也在加快[4]。Becker 和 Ravitz 的研究显示，教学活动和教学理念的转变与教师和学生使用技术的时间长度正相关[6]。

---

[1] Cox M，Preston C，Cox C. 1999. What Factors Support or Prevent Teachers from Using ICT in the Primary Classroom. Paper presented at the British Educational Research Association annual conference. University of Sussex at Brighton.[2014-11-01].

[2] Hermans R，Tondeur J，van Braak J，et al. 2008. The impact of primary school teachers' educational beliefs on the classroom use of computers. Computers & Education，51（4）：1499-1509.

[3] Groff J，Mouza C. 2008. A framework for addressing challenges to classroom technology use. AACE Journal，16（1）：21-46.

[4] Chaptal，A. 2002.Is the investment really worth it?.Educational Media International，39（1）：87-99.

[5] Bitner N，Bitner J O E. 2002. Integrating technology into the classroom：Eight keys to success. Journal of Technology and Teacher Education，10（1）：95-100.

[6] Becker H J，Ravitz J. 1999. The influence of computer and internet use on teachers' pedagogical practices and perceptions. Journal of Research on Computing in Education，31（4）：356-384.

3. 性别和年龄

（1）性别

Hermans 等针对小学教师的研究显示，教师性别与计算机教学应用之间显著相关，男教师比女教师更倾向在教学中使用计算机[1]。一些研究对于教师性别和 ICT 使用相关的解释主要是女教师计算机使用水平较低，原因是女教师获取技术的机会有限，计算机技能较低，兴趣也较低[2]。Pierce 和 Ball 的研究显示与男教师相比，女教师对于在教学中使用技术相对不自信[3]。调查研究显示在教学和学习中，男教师比女教师更多地使用 ICT[4]。同样，Markauskaite 调查了实习教师自我报告的 ICT 经验和素养的性别差异，研究显示男女教师在 ICT 能力及 ICT 能力持续性方面存在显著差异，男教师的得分比女教师高[5]。Jamieson-Proctor 等对澳大利亚昆士兰州 929 位教师的 ICT 与教学整合情况做了调查研究，认为女教师在教学中整合技术的情况要少于男教师[6]。但是，美国中西部地区基础教育阶段的学校的情况则有所不同，Breisser 发现在 Lego-logo 项目中，女教师对技术能力的自我感觉水平得到提高，与此同时，男教师对技术能力的自我感觉水平则并没有改变[7]。Adams 也认为女教师比男教师在教学中更多地应用 ICT[8]。Yukselturk 和 Bulut 的研究证实过去几年性别差距在缩小，女教师比男教师更多

① Hermans R，Tondeur J，van Braak J，et al. 2008. The impact of primary school teachers' educational beliefs on the classroom use of computers. Computers & Education，51（4）：1499-1509.

② Volman M，van Eck E. 2001. Gender equity and information technology in education：The second decade. Review of Educational Research，71（4）：613-634.

③ Pierce R，Ball L. 2009. Perceptions that may affect teachers' intention to use technology in secondary mathematics classes. Educational Studies in Mathematics，71（3）：299-317.

④ Kay R. 2006. Addressing gender differences in computer ability，attitudes and use：The laptop effect. Journal of Educational Computing Research，34（2）：187-211.

⑤ Markauskaite L. 2006. Gender issues in preservice teachers' training：ICT literacy and online learning. Australasian Journal of Educational Technology，22（1）：1-20.

⑥ Jamieson-Proctor R M，Burnett P C，Finger G，et al. 2006. ICT integration and teachers' confidence in using ICT for teaching and learning in Queensland state schools. Australasian Journal of Educational Technology，22（4）：511-530.

⑦ Beisser S R. 2005. An examination of gender differences in elementary constructionist classrooms using Lego/Logo instruction. Computers in the Schools，22（3）：7-19.

⑧ Adams N B. 2002. Educational computing concerns of postsecondary faculty. Journal of Research on Technology in Education，34（3）：285-303.

地使用因特网和 Web2.0 技术[①]。一些研究显示性别变量并不能预测 ICT 与教学的整合[②]。Kay 的研究显示，在计算机使用之前，男教师与女教师相比具有较高的计算机态度和能力，但是，在技术使用之后，男教师与女教师的计算机态度和能力并没有差异。Kay 认为，认真的技术准备能够减少教师由于性别所带来的差异[③]。

（2）年龄

Becta 的调查显示教师年龄也是影响 ICT 教学应用的障碍，也就是说，老教师较少使用技术，只是因为他们年龄较大[④]。欧洲联盟委员会的报告显示教师年龄影响教师使用计算机和英特网，随着教师年龄增长，使用计算机的教师比例在降低，但是，该报告也承认该因素的重要性在减弱[⑤]。Inan 和 Lowther 的研究显示，教师年龄对技术与教学整合的影响很有限，但是年龄对教师的计算机熟练程度有显著影响，年龄越小，教师的计算机熟练程度越高[⑥]。年龄影响教师的计算机熟练程度，进而间接影响教师的技术使用。此外，年龄会影响教师对计算机的态度，进而间接影响教师的计算机使用[⑦]。

一些学者则认为，ICT 使用与教师并不相关或者相关很小。Hermans 等的研究证实，教师年龄对课堂中的计算机使用没有显著影响[⑧]。Bradley 和 Russell 所做的研究发现，教师的计算机能力和焦虑感并没有随年龄变化而发生显著变化，

① Yukselturk E，Bulut S. 2009. Gender differences in self-regulated online learning environment. Educational Technology & Society，12（3）：12-22.

② Norris C，Sullivan T，Poirot J，Soloway E. 2003. No access，no use，no impact：snapshot surveys of educational technology in K-12. Journal of Research on Technology in Education，36（1）：15-27.

③ Kay R. 2006. Addressing gender differences in computer ability，attitudes and use：The laptop effect. Journal of Educational Computing Research，34（2）：187-211.

④ Jones A. 2004. A Review of the Research Literature on Barriers to the Uptake of ICT by Teachers. British Educational Communications and Technology Agency. http://www.becta.org.uk.[2014-05-20].

⑤ Uzunboylu H. 2006. A review of two mainline e-learning projects in the European Union. Educational Technology Research and Development，54（2）：201-209.

⑥ Inan F A，Lowther D L. 2010. Factors affecting technology integration in K-12 classrooms：A path model. Educational Technology Research and Development，58（2）：137-154.

⑦ van Braak J，Tondeur J，Valcke M. 2004. Explaining different types of computer use among primary school teachers. European Journal of Psychology of Education，19（4）：407-422.

⑧ Hermans R，Tondeur J，van Braak J，et al. 2008. The impact of primary school teachers' educational beliefs on the classroom use of computers. Computers & Education，51（4）：1499-1509.

也就是教师的计算机焦虑感并不会随年龄的增长而增加①。老年教师未必对使用计算机产生焦虑感的事实说明年龄本身并不是影响教师使用 ICT 的障碍②。

（二）学生

对于任何教学项目或课堂教学而言，学生都会影响到教学活动的发起、设计和组织的形式。同样，学生会影响到技术与教学整合是否成功③。教育工作者如果不能预见学生对基于技术的教学项目存在潜在的挑战和抵制，就会因为学生在项目中的表现而大吃一惊，进而对这类教学项目形成消极看法④。信息技术在教育教学中应用的有效性关键体现在学生的发展及学生信息素养的提高，学生的发展及信息素养的培养既是信息技术应用的过程，也是需要达到的效果⑤。学生在信息化教学活动中所具有的背景、态度、理念和技能都会影响信息技术与教学整合。

技术支持的教学要求学生积极参与，学生必须适应这种新的教学模式。技术与教学整合经常要求学生承担大量的本质上不同的学习任务，比如解答开放型问题、与同学协作学习、自主组织学习，一些学生还被分配领导角色。这些学习活动对于习惯于传统型的教师主导学习的学生而言是一个挑战。学生的建构主义学习经验能够促进技术支持的教学活动。由于学生长期以来习惯的都是教师讲授型教学模式，学生面对信息技术时需要教师加以引导，使得其能够适应现代化的学习方式⑥。

学生的信息素养水平对学生的学习效果有重要的影响，也是教师顺利应用信息技术进行教学的必备条件⑦。学生应该知道如何使用技术以保障技术与教学

---

① Bradley G，Russell G. 1997. Computer experience，school support and computer anxieties. Educational Psychology，17（3）：267-284.

② Jones A. 2004. A Review of the Research Literature on Barriers to the Uptake of ICT by Teachers. British Educational Communications and Technology Agency. http://www.becta.org.uk.[2014-05-20].

③ Groff J，Mouza C. 2008. A framework for addressing challenges to classroom technology use. AACe Journal，16（1）：21-46.

④ Akerlind G S，Trevitt A C. 1999. Enhancing self‐directed learning through educational technology：When students resist the change. Innovations in Education and Training International，36（2）：96-105.

⑤ 刘美凤 .2010. 信息技术在中小学教育中应用的有效性研究 . 北京：教育科学出版社：57.

⑥ 张译允 .2008. 信息技术在教学中应用的影响因素研究 . 长春：东北师范大学硕士学位论文：27.

⑦ 宋敏 .2006. 信息技术与课程整合有效性探索——一所学校的个案研究 . 长春：东北师范大学硕士学位论文：34.

整合的成功。假如课堂中的大部分学生对需要用到的信息技术不熟悉，那么就应该首先对学生进行培训或者在教学中组织学生学习技术[①]。对学生进行信息素养的培养，不仅是培养学生掌握基本信息技能，更需要培养学生应用信息技术主动探究的能力[②]。

技术支持的教学是富有挑战的，因为这类教学要求学生自己管理学习活动、把握学习时间和调整学习节奏[③]。大部分学生都很少了解这种学习任务，当遇到这种情况时，学生自然会产生焦虑感并担心自己的表现。学生对信息技术的认识和态度很重要。学生只有对学习媒介和学习环境持有认同感，才有可能主动应用学习资源和学习策略去取得良好的学习成绩[④]。学生的学习态度也会影响学生对媒体的控制及信息化学习环境的适应，积极的信息化学习效果将强化学生信息化学习的决心[⑤]。

二、中观层面的影响因素

（一）学校管理

任何教师都能证实学校管理在技术与教学整合中的重要性。学校管理层可以影响教育创新发生所依赖的组织体系和文化。因此，是否具备行政支持能够左右教师是否努力在课堂中整合技术[①]。在支持很少的情况下，即使最优秀的教师，在技术与教学整合方面也很难获得成功[⑥]。学校管理者、教师和其他职员应该有他们自己对技术和学习的理解，并营造技术与教学整合的工作环境。

学校管理层不但要提倡教师使用技术，还应该建立配套支持机制，比如教师

[①] Groff J，Mouza C. 2008. A framework for addressing challenges to classroom technology use. AACe Journal，16（1）：21-46.

[②] 宋敏 .2006. 信息技术与课程整合有效性探索——一所学校的个案研究 . 长春：东北师范大学硕士学位论文：34.

[③] McGhee R，Kozma R. 2001. New teacher and student roles in the technology-supported classroom. Paper presented at the annual meeting of the American Educational Research Association，Seattle.

[④] 刘儒德，江涛 .2004. 学习者特征对网络学习的影响 . 中国电化教育，（6）：11-15.

[⑤] 宋敏 .2006. 信息技术与课程整合有效性探索——一所学校的个案研究 . 长春：东北师范大学硕士学位论文：33.

[⑥] Zhao Y，Pugh K，Sheldon S，et al. 2002. Conditions for classroom technology innovations. Teachers College Record，104（3）：482-515.

专业发展、教学计划和协作时间以及必要的资源①。必要的资源包括充分的硬件和软件访问、技术和教学支持、后续的专业发展计划、同事指导新技术的支持②。

能够顺利获取资源的学校管理者已经走出了支持技术与教学整合的第一步。这就是 Zhao 和 Frank 所定义的无生命的技术基础设施③。可惜的是，资源获取并不能保证技术的有效教学应用，通常还需要重新定义或者变革课程目标和教师支持网络。学校管理者不能独自实现这种变革④。他们必须组织和领导教师、技术支持人员及社区成员结成共同体，分享这一愿景，营造恰当的校园文化氛围⑤。这就是 Zhao 和 Frank 所定义的有生命的技术基础设施③。

（二）信息化资源获取

一些研究成果证实，不易获得信息化资源是阻止教师在教育中整合新技术的障碍，包括教师在家中是否容易获得信息化资源。教师不易获得信息化资源的原因很多。宋敏的研究反映教室缺乏硬件设备、多媒体教室少及信息化教学资源不适用等因素导致常规信息化教学难以持续⑥。教师抱怨获取使用计算机很烦琐，原因是使用计算机需要提前预订，而教师可能会忘记预订，或者当他们想用计算机时很长一段时间却预订不到。也就是说，和其他教师共享 ICT 资源，致使一些教师有可能获取不到这些资源。根据 Becta 的研究，难以获得 ICT 资源不能仅仅归为学校没有硬件、软件或者其他资源，也许是因为资源管理差、硬件质量差、软件不合适或者教师个人获取权限有限⑦。

---

① Earle R S. 2002. The integration of instructional technology into public education : Promises and challenges. Educational Technology，42（1）：5-13.

② Zhao Y，Pugh K，Sheldon S，et al. 2002. Conditions for classroom technology innovations. Teachers College Record，104（3）：482-515.

③ Zhao Y，Frank K A. 2003. Factors affecting technology uses in schools : An ecological perspective. American Educational Research Journal，40（4）：807-840.

④ Groff J，Mouza C. 2008. A framework for addressing challenges to classroom technology use. AACE Journal，16（1）：21-46.

⑤ LeBaron J F，Collier C. 2001. Technology in Its Place : Successful Technology Infusion in Schools. San Francisco : Jossey-Bass.

⑥ 宋敏 .2006. 信息技术与课程整合有效性探索——一所学校的个案研究 . 长春：东北师范大学硕士学位论文：29-30.

⑦ Jones A. 2004. A Review of the Research Literature on Barriers to the Uptake of ICT by Teachers. British Educational Communications and Technology Agency. http://www.becta.org.uk.[2014-05-20].

影响教师获取信息化资源相关的障碍具有普遍性，但各个国家在这方面的情况有所不同。Empirica 关于欧洲的研究发现缺乏信息化资源是技术与教学整合的最大障碍，受调查的教师列举了不同的此类障碍，如缺乏计算机和教学资源。同样，Korte 和 Hüsing 发现欧洲的学校在基础设施方面存在一些障碍，比如学校没有宽带接入，他们推断1/3的欧洲学校仍然没有接入宽带互联网[①]。Pelgrum 对26个国家的教育工作者所做的调查显示，影响 ICT 在教育中应用的前十大障碍中，有四大障碍与 ICT 获取有关，这些障碍包括计算机数量不足、计算机外设设备不足、软件备份数量不足、互联网同步接入不足[②]。Poprakci 发现学校计算机数量少、ICT 系统老化或运行慢、教育软件稀缺是影响土耳其学校应用 ICT 的重要障碍[③]。同样，Al-Alwani 的研究发现学校不能访问互联网及硬件设备短缺阻碍了沙特阿拉伯学校的技术整合[④]。Albirini 的研究证实在叙利亚学校缺乏计算机是影响技术与教学整合的最重要障碍之一[⑤]。

硬件和软件资源有限及不知道在教学中选用哪些硬件和软件是许多教师面临的问题。大多数教师认为 ICT 资源不足及没有时间浏览这些资源阻碍了教师应用 ICT[⑥]。有限的硬件和软件获取途径影响了教师在课堂中应用 ICT 的动机。林丽娟的研究显示，教师认为学校的硬件和软件对技术与教学整合非常重要[⑦]。

① Korte W B，Hüsing T. 2006. Benchmarking access and use of ICT in European schools 2006：Results from Head Teacher and A Classroom Teacher Surveys in 27 European countries. Empirica，1：0.

② Pelgrum W J. 2001. Obstacles to the integration of ICT in education：results from a worldwide educational assessment. Computers & Education，37（2）：163-178.

③ Toprakci E. 2006. Obstacles at integration of schools into information and communication technologies by taking into consideration the opinions of the teachers and principals of primary and secondary schools in Turkey.Journal of Instructional Science and Technology（e-JIST），9（1）：1-16.

④ Al-Alwani A E. 2005. Barriers to Integrating Information Technology in Saudi Arabia Science Education. Unpublished doctoral dissertation，University of Kansas，U.S.A.

⑤ Albirini A. 2006. Teachers' attitudes toward information and communication technologies：The case of Syrian EFL teachers. Computers & Education，47（4）：373-398.

⑥ Cox M，Preston C，Cox C. 1999. What factors support or prevent teachers from using ICT in the primary classroom. Paper presented at the British Educational Research Association annual conference. University of Sussex at Brighton.[2014-11-01].

⑦ ChanLin L J. 2007. Perceived importance and manageability of teachers toward the factors of integrating computer technology into classrooms.Innovations in Education and Teaching International，44（1）：45-55.

（三）缺乏有效的培训

许多研究证实缺乏有效的培训是影响技术与教学整合的因素[1][2]。Pelgrum 的研究发现教师缺乏 ICT 教学应用的培训机会[3]。同样，张译允的研究发现参加有效的培训是教师在教学中应用信息技术的一个关键性因素[4]。蒋国珍通过对北京市城区中小学教师的调查得出教师培训问题是阻碍教师应用信息技术的第二大障碍[5]。Dzden 对土耳其的相关研究证实 ICT 教学应用的主要问题是在职教师培训项目短缺[6]。Toprakci 认为，有限的教师培训影响了 ICT 在土耳其学校的应用[7]。

根据 Becta 的研究，培训问题比较复杂，因为要考虑多方面才能确保培训的有效性，包括培训时间、教学法培训、技能培训、职前教师 ICT 培训[8]。Gomes 的研究证实缺乏数字素养培训、缺乏如何在教学中应用 ICT 的教学法培训，以及缺乏科学技术学科领域技术使用培训是新技术在教学中应用的障碍[9]。Moatasim 在沙特阿拉伯所做的研究显示，在职培训不足、缺乏教学法和教学管理培训、职前培训不受重视影响信息技术在教学中的应用[10]。

为教师提供教学法培训，而不仅仅是 ICT 技术培训，这点非常重要。Cox 等认为，如果要让教师认识到 ICT 教学应用的价值，教师培训就应该专注于教

① Albirini A. 2006. Teachers' attitudes toward information and communication technologies：The case of Syrian EFL teachers.Computers & Education，47（4）：373-398.

② Barri M A. 2013. The integration of technology into school curriculum in Saudi Arabia：Factors affecting technology implementation in the classroom. Doctoral dissertation，University of Kansas.

③ Pelgrum W J. 2001. Obstacles to the integration of ICT in education：Results from a worldwide educational assessment. Computers & Education，37（2）：163-178.

④ 张译允 .2008. 信息技术在教学中应用的影响因素研究 . 长春：东北师范大学硕士学位论文：25.

⑤ 蒋国珍 .2008. 信息技术应用于中小学课堂的主要障碍——对北京市城区中小学教师的调查 . 中国教育信息化 · 基础教育，（12）：7-11.

⑥ Özden M. 2007. Problems with Science and Technology Education in Turkey. Eurasia Journal of Mathematics，Science & Technology Education，3（2）：157-161.

⑦ Toprakci E. 2006. Obstacles at integration of schools into information and communication technologies by taking into consideration the opinions of the teachers and principals of primary and secondary schools in Turkey. Journal of Instructional Science and Technology（e-JIST），9（1）：1-16.

⑧ Jones A. 2004. A Review of the Research Literature on Barriers to the Uptake of ICT by Teachers. British Educational Communications and Technology Agency.http://www.becta.org.uk.[2014-05-20].

⑨ Bingimlas K A. 2009. Barriers to the successful integration of ICT in teaching and learning environments：A review of the literature. Eurasia Journal of Mathematics，Science & Technology Education，5（3）：235-245.

⑩ Barri M A. 2013. The integration of technology into school curriculum in Saudi Arabia：Factors affecting technology implementation in the classroom. Doctoral dissertation，University of Kansas.

学法问题。Cox 等所做的研究显示，学习完专业发展课程的教师仍然不会在课堂中使用 ICT，他们仅知道如何操作计算机和设置打印机，这是因为专业发展课程仅关注教师获得基本的 ICT 操作技能，而不是教给教师如何在教学中应用 ICT[①]。和 Cox 等所得出的研究结论相似，Balanskat 等指出，不恰当的培训对教师的 ICT 课堂应用没有帮助，因为培训项目不关注教师的 ICT 教学实践而是专注于发展 ICT 技能[②]。

根据 Becta 的研究，除了对教师做教学法的培训，ICT 技能培训仍然是必要的[③]。Schoepp 认为，当新技术引进课堂的时候，需要对教师进行 ICT 技能培训[④]。职前教师培训应该包含一些计算机使用的技能、知识和态度等方面，以便教师支持学生的学习，同时应该提供持续的专业指导以帮助教师保持恰当的技能和知识。

从根本上讲，一旦有新的技术和方法引进教学，且需要教师将这些技术和方法整合到教学中，那么教师培训就是至关重要的。然而，不合适的教师培训导致教师既不能为 ICT 与教学整合做好充足准备，也不能充满自信地使 ICT 与教学整合。教师不仅需要精通计算机，还需要发展将计算机应用整合到教学和学习中的技能。教师需要技术教育的培训（关注技术自身）和教育技术的培训（支持课堂中的教学）。教师想学习如何在课堂中使用新技术，但是专业发展机会缺乏阻碍了教师在科学、数学等科目中整合技术。ICT 教师专业发展的其他问题包括培训课程不能满足教师的个性化需求及培训课程不更新[②]。

职前教师教育也可以发挥关键作用，也就是在教师从教前为教师提供实验环境下的 ICT 应用机会[⑤]。职前教师教育缺乏 ICT 相关教育也影响到教师在

① Cox M，Preston C，Cox C. 1999. What factors support or prevent teachers from using ICT in the primary classroom. Paper presented at the British Educational Research Association annual conference. University of Sussex at Brighton.[2014-11-01].

② Balanskat A，Blamire R，Kefala S. 2006. The ICT impact report：A review of studies of ICT impact on school in Europe. European Schoolnet，（1）：1-71.

③ Jones A. 2004. A Review of the Research Literature on Barriers to the Uptake of ICT by Teachers. British Educational Communications and Technology Agency.http://www.becta.org.uk.[2014-05-20].

④ Schoepp K. 2005. Barriers to technology integration in a technology-rich environment. Learning and Teaching in Higher Education：Gulf Perspectives，2（1）：1-24.

⑤ Albirini A. 2006. Teachers' attitudes toward information and communication technologies：The case of Syrian EFL teachers. Computers & Education，47（4）：373-398.

教学实践中使用 ICT[①]。当培训不起作用的时候，教师可能无法有效访问 ICT 资源[②]。

（四）缺乏技术支持

教师的信息化教学需要给予技术支持。Pelgrum 所做的研究发现，在中小学教师的认识中，缺乏技术支持是影响 ICT 在教育中应用的最重要因素之一。Wong 发现缺乏技术支持是小学 ICT 应用的障碍之一[③]。Toprakci 对土耳其的研究显示，缺乏技术支持是 ICT 与教学整合的两大障碍之一，而且技术支持缺乏可能比较严重[④]。蒋国珍的研究显示技术支持和保障问题是制约北京市城区中小学教师应用信息技术的四大障碍之一[⑤]。林秀钦和黄荣怀的研究显示，技术支持不足是不同形态信息技术应用的瓶颈问题[⑥]。

技术问题是教师面对的一大障碍。这些技术障碍包括网站不能打开、不能接入互联网、打印机不能打印、有故障的计算机，以及计算机老化。技术障碍阻碍了教学顺利完成或者教学活动的流畅自然。学校的技术支持和维护方便了教师的 ICT 教学应用，教师可以节省在处理硬件和软件问题方面的时间。Becta 的研究报告显示，如果学校缺少技术支持服务，那么技术维护可能就不会定期进行，技术故障很可能随时发生[⑦]。BECTA 许多的受调查者指出，技术故障可能会阻止他们在教学中应用 ICT，因为他们担心在教学过程中设备会损坏。

---

① Jones A. 2004. A Review of the Research Literature on Barriers to the Uptake of ICT by Teachers. British Educational Communications and Technology Agency.http://www.becta.org.uk.[2014-05-20].

② Bingimlas K A. 2009. Barriers to the successful integration of ICT in teaching and learning environments：A review of the literature. Eurasia Journal of Mathematics，Science & Technology Education，5（3）：235-245.

③ Wong K P. 2007. Using ICT in primary schools：Different perceptions by school heads and teachers in Hong Kong.International Journal of Knowledge and Learning，3（2-3）：342-366.

④ Toprakci E. 2006. Obstacles at integration of schools into information and communication technologies by taking into consideration the opinions of the teachers and principals of primary and secondary schools in Turkey. Journal of Instructional Science and Technology（e-JIST），9（1）：1-16.

⑤ 蒋国珍 .2008. 信息技术应用于中小学课堂的主要障碍——对北京市城区中小学教师的调查 . 中国教育信息化·基础教育，（12）：7-11.

⑥ 林秀钦，黄荣怀 .2010. 中小学教师的信息技术教学应用型态及其障碍研究 . 中国电化教育，（3）：31-36.

⑦ Jones A. 2004. A Review of the Research Literature on Barriers to the Uptake of ICT by Teachers. British Educational Communications and Technology Agency. http://www.becta.org.uk.[2014-05-20].

（五）缺乏时间

一些研究显示，许多教师信息化教学既驾轻就熟又充满自信，但是他们仍然很少在教学中应用信息技术，原因是这些教师没有足够的时间。很多研究者指出，时间有限及为信息化教学安排时间困难是 ICT 与教学整合的障碍[①]。教师反映工作很忙，他们不但要做好教学工作，还要参加各种教学活动，普遍感觉疲惫，信息化教学常常被搁置[②]。教师日常教学任务繁重，没有时间和精力用于探讨和尝试在教学中如何应用信息技术。所有教师普遍遇到的挑战是缺乏时间去计划技术支持的课堂、开发不同网站、浏览教学软件和教学资源[③]。

Becta 的研究发现，缺少时间的问题存在于教师工作的许多方面，从而影响到他们完成任务的能力。一些教师特别说明了 ICT 与教学整合哪些方面需要更多时间，这些额外的时间包括查找教学资源的时间、准备课堂的时间、探索和练习使用技术的时间、处理技术问题的时间、参加培训的时间[④]。张译允指出，随着信息技术的发展，教师还需要花费时间制作教学资源，这也影响了教师应用信息技术的动机[⑤]。

根据 Al-Alwani 的研究，缺少时间影响到沙特阿拉伯学校对 ICT 的应用，因为学校日程安排很忙。Al-Alwani 指出，沙特阿拉伯的教师从早上 7 点一直工作到下午 2 点，一个星期平均 18 节课，教师和学生白天都没有时间在教学中应用 ICT[⑥]。相对于准备传统课堂，教师需要花费更多时间设计技术支持的教学。中国农村教师工作繁重阻碍了技术应用，尤其是农村教师教学任务和学生管理任务非常繁重，他们根本没有时间学习和实验新技术[⑦]。

---

① Al-Alwani A E. 2005. Barriers to Integrating Information Technology in Saudi Arabia Science Education. Unpublished doctoral dissertation，University of Kansas，U.S.A.

② 宋敏 .2006. 信息技术与课程整合有效性探索——一所学校的个案研究 . 长春：东北师范大学硕士学位论文：33.

③ 蒋国珍 .2008. 信息技术应用于中小学课堂的主要障碍——对北京市城区中小学教师的调查 . 中国教育信息化·基础教育，（12）：7-11.

④ Jones A. 2004. A Review of the Research Literature on Barriers to the Uptake of ICT by Teachers. British Educational Communications and Technology Agency. http://www.becta.org.uk.[2014-05-20].

⑤ 张译允 .2008. 信息技术在教学中应用的影响因素研究 . 长春：东北师范大学硕士学位论文：25.

⑥ Al-Alwani A E. 2005. Barriers to Integrating Information Technology in Saudi Arabia Science Education. Unpublished doctoral dissertation，University of Kansas，U.S.A.

⑦ 刘美凤 .2010. 信息技术在中小学教育中应用的有效性研究 . 北京：教育科学出版社：52.

三、宏观层面的影响因

(一) 教育政策

政策制定者对于技术与课程整合的表述各有侧重。这些表述往往强调三个关键主题：使用技术处理教与学中的挑战、使用技术改善教与学的内容和质量、使用技术使学生适应信息时代[①]。然而，关于实现这些目标的具体建议则很少出现在政策报告中，导致很难从政策报告中找到有实践意义的内容[②]。

我国信息技术在教育中的推广应用更多是自上而下的改革，不是来自教师教学实践的改变，政府的一系列政策成为信息技术在学校教育中应用的决定性因素之一[③]。政策越健全，教师运用技术的积极性就越高。国家政策的颁布直接推动了地方及学校政策的出台，促进了学校应用信息技术的动机[④]。影响我国信息技术应用的相关政策主要有教育信息化的政策和法规、新课程改革和当前的学生评估标准体系。教育部门对教学内容、教学进度的统一规定也阻碍了信息技术在教学中的应用[⑤]。在 ICT 教学应用相关项目和创新中，给予学校和教师自治权非常重要。学校和教师感觉到是他们自己对改革负责，因此自下而上的教育改革往往容易成功。

(二) 经济发展和教育经费

信息技术在教育中的应用需要经济的支持，没有必要的经济条件和足够的资金投入，很难谈到信息技术应用的有效性。尽管地方经济状况直接决定了教育信息化资金投入的程度，但也会因为受政策导向的影响而出现地方经济与教育信息化资金投入不平衡的情况[⑤]。如果教育部门没有为学校提供足够的相关经济资

---

① Culp K M，Honey M，Mandinach E. 2005. A retrospective on twenty years of education technology policy. Journal of Educational Computing Research，32（3）：279-307.

② Groff J，Mouza C. 2008. A framework for addressing challenges to classroom technology use. AACE Journal，16（1）：21-46.

③ 王春蕾，刘美凤 .2007. 宏观因素对信息技术在中小学教育中应用的有效性实现的影响 . 现代教育技术，(11)：93-96.

④ 张译允 .2008. 信息技术在教学中应用的影响因素研究 . 长春：东北师范大学硕士学位论文：22.

⑤ 王春蕾，刘美凤 .2007. 宏观因素对信息技术在中小学教育中应用的有效性实现的影响 . 现代教育技术，(11)：93-96.

助，信息技术在教学中的应用就会遇到很多阻力和困难。教育信息化后续的建设与支持费用也影响着信息技术应用的效果①。杨晓宏等认为，实施农村义务教育经费保障新机制后，"农远工程"经费问题大的含义并不在于经费短缺，而是如何管理及使用②。

（三）应试评价制度

评价就是测量学生学习的活动。评价可以是形成性评价也可以是总结性评价，传统的评价方式是学校或国家层面的高风险考试的总结性评价。高风险考试的结果关系到学生的升学或者毕业，以及学校得到奖励还是惩罚③。高风险考试造成的压力可能成为阻碍技术与教学整合的一个主要障碍。Fox 和 Henri 通过对香港中小学的技术使用进行探究，发现高风险考试带来的压力让教师很少有时间去尝试基于技术的教学方法④。Butzin 的研究也证实了这一观点。Butzin 注意到，满足标准化测试的高标准和高分数所带来的压力，以及在有限的时间内要求教完大范围的教学材料，让教师望而生畏。因此，教师感觉课堂上向所有学生同时讲授相同教学内容覆盖的教学材料更多，使用技术则要增加额外的技术准备时间，这些时间用于鉴别和选择符合教学目标的合适的教学软件和教学资源⑤。蔡丽认为，教师在工作中面临的最大压力是升学率和学生成绩需大幅提高。教师迫于升学压力，看待信息技术的应用时只会从学生成绩和升学率去考虑，而并没有从提高教学质量、发展学生素质方面去真正关注，这严重影响了教师参与信息技术与课程整合的积极性，阻碍了信息技术与课程整合的实施效果⑥。

---

① 张译允 .2008. 信息技术在教学中应用的影响因素研究 . 长春：东北师范大学硕士学位论文：22.

② 杨晓宏，刘自昌，马若明，等 .2007-12-14. 农村中小学现代远程教育系列报道之经费篇——向管理要效益 . 中国教育报，（7）.

③ CEO Forum on Education and Technology. 2001. CEO Forum school technology and readiness report：Key building blocks for student achievement in the 21st century.http://www.ceoforum.org/downloads/report4.pdf.[2014-10-17].

④ Fox R，Henri J. 2005. Understanding teacher mindsets：IT and change in Hong Kong schools. Journal of Educational Technology & Society，8（2）：161-169.

⑤ Butzin S. 2004. Project CHILD：A proven model for the integration of computer and curriculum in the elementary classroom. Asia-Pacific Collaborative Education Journal，1（1）：29-34.

⑥ 蔡丽 .2009. 新课改背景下西安高中教师使用信息技术教学问题分析及对策研究 . 西安：陕西师范大学硕士学位论文：49.

另外，高风险考试可能会使技术从促进教与学转向便利考试[1]。《不让一个孩子掉队法案》特别强调考试，相应地对考试成绩也给予更多关注[2]。正如 Schneiderman 所说，强调考试削弱了技术作为教学和学习工具的潜在承诺[3]。一些教师将 ICT 用于考试训练以准备毕业考试，认为考试不是测验学生 ICT 方面的技巧，所以 ICT 使用并不重要。而且，考试是考生用笔和纸完成，不是在计算机上完成。因此，掌握各种各样的 ICT 平台对纸笔测验考试没有帮助，反而让学生在考试中感觉不舒服。使用技术和符合传统考试的外部需求之间存在感知到的紧张关系[4]。考虑课堂活动带给学生的技能和素养提升及如何评价学生学习是教师最关心的事情之一[5]。使用技术提升学习却不被考试认可注定是有问题的。例如，教师认为使用图形计算器是不利的，因为这类计算器在国家考试中禁止使用，这种情况降低了教师的技术使用热情[6]。

（四）地方行政当局

通常，当经费投入到技术设备方面的采购时，行政当局在期待看到这些技术设备投入使用方面面临巨大压力[7]。行政官员、地方政策制定者及关心自己纳税的社区成员希望能够看到教育信息化投资的快速回报，即产出的结果能够证明在学校信息化方面的经费投入和付出是值得的[8][9]。一些人甚至认为学生渴望掌

① Bichelmeyer B. 2005. Status of instructional technology in elementary-secondary and higher education in the United States. Asia-Pacific Collaborative education Journal，1（2）：49-63.

② Brantley-Dias L，Calandra B，Harmon S W，et al. 2006. An analysis of collaboration between colleges of education and arts & sciences in PT3. TechTrends，50（3）：32-37.

③ Schneiderman M. 2004. What does SBR mean for education technology? Technological Horizons in Education，31（11）：30.

④ Hennessy S，Ruthven K，Brindley S. 2005. Teacher perspectives on integrating ICT into subject teaching：commitment，constraints，caution，and change. Journal of Curriculum Studies，37（2）：155-192.

⑤ Chanlin L J，Hong J C，Horng J S，et al. Factors influencing technology integration in teaching：A Taiwanese perspective. Innovations in Education and Teaching International，43（1）：57-68.

⑥ Hew K F，Brush T. 2007. Integrating technology into K-12 teaching and learning：Current knowledge gaps and recommendations for future research. Educational Technology Research and Development，55（3）：223-252.

⑦ Groff J，Mouza C. 2008. A framework for addressing challenges to classroom technology use. AACE Journal，16（1）：21-46.

⑧ Chaptal A. 2002. Is the investment really worth it?. Educational Media International，39（1）：87-99.

⑨ Zhao Y，Frank K A. 2003. Factors affecting technology uses in schools：An ecological perspective. American Educational Research Journal，40（4）：807-840.

握计算机，成为技术精通人士及未来的专业人士。虽然这种观念情有可原，但是它给教师带来了另一道障碍，即教师经常在压力下使用计算机。但是，教育者在回应这种压力时必须小心谨慎。有效教学模式的研究成果证实我们应该先出示学习目标，然后再选择符合教学目标的教学工具[①]。更进一步地讲，教师首先应该选择符合课程标准的教学目标，然后确定能够传送教学结果的学习活动，最后才是选择合适的教学工具。这类教学工具可以是技术类的教学工具，也可以是非技术类的教学工具。当上述次序颠倒时，教师被施压把使用教学工具放在第一位，然后才是选择使用教学工具的教学活动时，学生的学习就做出让步[②]。优秀的信息技术与教学整合不能通过技术使用多少来定义，而应该看重技术在教学中使用的本质。不幸的是，主营部门常常看重教学中技术使用的频率，而不是技术使用的质量[③]。

（五）社区和家长

积极与社区互动是学校形成以学生为中心的 ICT 应用的途径之一。这些互动能够促成 ICT 支持的真实和情境化学习的发展[④]。因此，社区成员的义务、角色和权力应该重新评定。比如重新设计评价方法从而让有兴趣的社区成员在技术与教学整合中发挥恰当作用[⑤]。Granger 等发现，成功的 ICT 教学应用不仅与计算机相关，还和社区紧密相关。他认为，学校教育总是触及公平、特权、语言和社区支持。而这些在特定社区特征影响下形成了学校的教学哲学[⑥]。

Kington 等通过对两所学校的个案研究总结了学校与社区和家长互动的主要要素：鼓励家长、教师和学生之间的对话，创造开放式学校；学校和家中都提供

① Durost R A. 1994. Integrating computer technology：Planning，training，and support. NASSP Bulletin，78（563）：49-54.

② Groff J，Mouza C. 2008. A framework for addressing challenges to classroom technology use. AACE Journal，16（1）：21-46.

③ Earle R S. 2002. The integration of instructional technology into public education：Promises and challenges. Educational Technology，42（1）：5-13.

④ Demetriadis S，Barbas A，Molohides A，et al. 2003. Cultures in negotiation：teachers' acceptance/resistance attitudes considering the infusion of technology into schools. Computers & Education，41（1）：19-37.

⑤ Afshari M，Bakar K A，Luan W S，et al. 2009. Factors affecting teachers' use of information and communication technology. Online Submission，2（1）：77-104.

⑥ Granger C A，Morbey M L，Lotherington H，et al. 2002. Factors contributing to teachers' successful implementation of IT. Journal of Computer Assisted Learning，18（4）：480-488.

笔记本电脑，支持教学应用和个人使用，从而提高学生的 ICT 能力，支持激发学生和家长参与的新教学法采用；为学生安排在线指导员；为家长提供 ICT 技能在线课程；学生和家长共同学习 ICT；为方便家长学习提供托儿所；为家长和学生学习提供聚会庆祝[①]。这样的话，就不是要求学生参与到 ICT 创新型学习中，而是学生要求参与到创新型学习中。教师不应该忽视家庭对学校教育的影响。当鼓励家长参与到学校的 ICT 总体规划中的时候，变革就发生得更快。这些学校的斗志普遍较高，教师、学生和家长对学校教育创新感兴趣，而且迫切希望分享彼此的经验。因此，家长和社区能够影响到学校的 ICT 应用。为了让家长参与进来，学校领导应该为社区提供 ICT 信息和教育。这样，ICT 方便了学校、家庭和社区的联系，让教师、家长和社区成员在学生学习经历中扮演更重要的角色。这些学习经历包括真实的问题解决、和研究人员合作培养创业技能。学校、家庭和社区的结盟也能通过不断的互动和交流得到加强[②]。

另外，家长也可以通过管理教学活动辅助课堂教学。当启动技术支持的创新教学项目时，这一类资源应该积极利用。家长和志愿者提供技术与教学整合帮助，能够为教师减轻耗时的管理任务，让教师专注于指导学生学习[③]。

四、影响因素间的相互作用

信息技术应用影响因素间存在相互作用关系。教师的信息化知识和能力，教师观念、态度和理念，学校信息化资源获取是影响信息技术与教学整合的核心要素。教师的信息化知识和能力影响教师对信息化教学资源的获取，如果教师自身的信息化教学能力较差，相对而言不易找到合适的信息化教学资源。反之，信息化教学资源获取影响到教师的信息化知识和能力，由于缺乏信息化教学资源，教师通过信息化手段加强自身专业发展的机会也降低；同时，信息化教学资源缺乏导致教师信息化实践缺乏，使其缺少在实践中巩固信息化教学的能力。

---

① Kington A，Harris S，Leask M. 2002. Innovative practice using ICT in schools：Findings from two case studies. Management in Education，16（1）：31-35.

② Afshari M，Bakar K A，Luan W S，et al. 2009. Factors affecting teachers' use of information and communication technology. Online Submission，2（1）：77-104.

③ Butzin S M.1992. Integrating technology into the classroom：Lessons from the project child experience.The Phi Delta Kappan，74（4）：330-333.

学校提供的教师培训、技术支持、给予教师的时间影响到教师的信息化教学知识和能力，教师培训的缺乏导致教师的信息化教学知识缺乏和能力不足。学校给予的技术支持影响到教师在信息化教学实践中相关能力的发展。学校给予教师的时间是否宽裕影响到教师是否有充足的时间学习信息化教学知识和能力。另外，学校组织缺乏信息化培训影响教师对信息化资源的获取，一些教师不能高效地获取到学校的信息化教学资源。学校的信息化资源、教师培训、技术支持、给予教师的学习时间影响到教师对信息化的观念、态度。学校管理影响学校的信息化资源、教师培训、技术支持和教师的时间。教育经费影响学校的信息化资源。社区和家长也影响到教师对信息化教学资源的获取。教育政策影响教师在信息化教学实践中的观念。学生评价制度影响到教师对信息化教学的态度，以及学校对信息化的管理。学生因素影响到教师信息化知识、能力，以及教师对信息化教学的态度。

第四节　信息技术应用的对策

一、建立共同愿景和计划

建立教与学的共同愿景可以成为克服技术与教学整合领导力障碍的驱动力[1]。例如，Lim 和 Khine 通过对四所学校的研究发现，共同的愿景和计划为学校领导和教师提供了顺畅的渠道，让他们能够条理清晰地交流如何使用技术，以及技术与教学整合在什么情况下得以实施，实施的目标是什么，实施的指导方针是什么[2]。如果没有共同愿景，教师和领导可能会将技术与教学整合单纯地理解为信息化硬件设备或者计算机技能[3]。制定技术与教学整合共同愿景时，需要考

---

[1]　Tearle P. 2004. A theoretical and instrumental framework for implementing change in ICT in education. Cambridge Journal of Education，34（3）：331-351.

[2]　Lim C P，Khine M. 2006. Managing teachers' barriers to ICT integration in Singapore schools. Journal of Technology and Teacher Education，14（1）：97-125.

[3]　Fishman B J，Pinkard N. 2001. Bringing urban schools into the information age：Planning for technology vs. technology planning. Journal of Educational Computing Research，25（1）：63-80.

虑的最重要问题可能是确定技术与课程内容的关系，因为课程是技术与教学整合的关键支架。换句话说，技术与教学整合应该增进学生对课程的学习[1]。共同愿景的制定不仅仅是学校领导的事情，教师也应该参与制定共同愿景的决策，这一点非常重要，因为教师参与是在学区成功推广技术的重要因素[2]。

技术与教学整合愿景建立并被大家接受之后，下一步就是制订技术与教学整合计划，为实现技术与教学整合愿景提供详细的实施蓝图[3]。Fishman 和 Pinkard 提供了帮助制定技术与教学整合计划的建议：成立由教师、管理人员和校外服务人员（比如教育技术专家）组成的技术与教学整合计划委员会。校外服务人员可以帮助教师和管理人员处理相关问题[4]。

Gülbahar 认为，在制定技术与教学整合计划时一定要考虑以下几个问题：信息化资源的维护与定期更新、教师和学生公平获取技术、制定鼓励教师使用技术的奖励措施、为教师提供专业发展机会[5]。另一个需要考虑的问题是对技术教学应用保持期望，比如规定每星期开展一定节数的多媒体课[6]。规定一定节数的多媒体课使教师在压力驱使下增加技术在教学中的使用次数[7]。给教师施加技术教学应用压力的方式还包括让教师参加技术与教学整合集体会议，以及要求教师在教育中全方位地应用技术。另外，还应该组织监管活动保障确实开展技术与教学整合活动，这类被校长采用的监管活动包括与教师进行一对一谈话、抽查教师的课堂教学、详细审查教学和学科计划[8]。

① Staples A，Pugach M C，Himes D J. 2005. Rethinking the technology integration challenge：Cases from three urban elementary schools. Journal of Research on Technology in Education，37（3）：285-311.

② Bowman Jr J，Newman D L，Masterson J. 2001. Adopting educational technology：Implications for designing interventions. Journal of Educational Computing Research，25（1）：81-94.

③ Hew K F，Brush T. 2007. Integrating technology into K-12 teaching and learning：Current knowledge gaps and recommendations for future research. Educational Technology Research and Development，55（3）：223-252.

④ Fishman B J，Pinkard N. 2001. Bringing urban schools into the information age：Planning for technology vs. technology planning. Journal of Educational Computing Research，25（1）：63-80.

⑤ Gülbahar Y. 2007. Technology planning：A roadmap to successful technology integration in schools. Computers & Education，49（4）：943-956.

⑥ Lim C P，Khine M. 2006. Managing teachers' barriers to ICT integration in Singapore schools. Journal of Technology and Teacher Education，14（1）：97-125.

⑦ O'Dwyer L M，Russell M，Bebell D. 2005. Identifying teacher，school，and district characteristics associated with middle and high school teachers' use of technology：A multilevel perspective. Journal of Educational Computing Research，33（4）：369-393.

⑧ Schiller J. 2002. Interventions by school leaders in effective implementation of information and communications technology：Perceptions of Australian principals. Journal of Information Techology for Teacher Education，11（3）：289-301.

二、克服信息技术应用资源短缺的困难

这里的信息技术应用资源短缺包括技术设备、技术获取机会、信息化教学资源、信息化教学时间和技术支持五个方面存在的短缺。

（一）克服技术教学应用中技术设备短缺的困难

克服信息化教学硬件设备短缺的一个办法是在满足教学需求的情况下购买相对便宜的设备，在预算固定的情况下购买到较多的信息化设备。Sandholtz 和 Reilly 发现，便宜的客户端计算机具有三个明显的优点：较低的价格增强了学校的购买力、较少的维护和技术问题、占用空间小[1]。Tearle 建议，每次只在一到两门科目中推广技术，从而保障教师和学生在这些科目中得到充分的信息化设备[2]。Lowther 等认为，不必建设昂贵的计算机网络教室，而应该基于无线网络技术使用笔记本电脑实现在教学时每个学生都拥有一台计算机的方案。使用笔记本电脑可以节省建设和维护计算机网络教室的费用。此外，笔记本电脑还可以为技术与教学整合提供最优化的教学环境[3]。笔记本电脑可以直接分配给学生，也可以共用的方式供学生使用。共用方式的一种可行办法是用笔记本电脑手推车为学生提供一对一的信息化环境[4][5]。根据每个班级的教学需要，采用手推车方式让笔记本电脑在各个班级中流转。

（二）克服技术教学应用中技术设备获取困难

一个克服教学中技术不易获取这一困难的办法是为每个班级都配备几台计

① Sandholtz J H，Reilly B. 2004. Teachers，not technicians：Rethinking technical expectations for teachers. Teachers College Record，106（3）：487-512.

② Tearle P. 2004. A theoretical and instrumental framework for implementing change in ICT in education. Cambridge Journal of Education，34（3）：331-351.

③ Lowther D L，Ross S M，Morrison G M. 2003. When each one has one：The influences on teaching strategies and student achievement of using laptops in the classroom. Educational Technology Research and Development，51（3）：23-44.

④ Grant M M，Ross S M，Wang W，et al. 2005. Computers on wheels：An alternative to "each one has one". British Journal of Educational Technology，36（6）：1017-1034.

⑤ Russell M，Bebell D，Higgins J. 2004. Laptop learning：A comparison of teaching and learning in upper elementary classrooms equipped with shared carts of laptops and permanent 1∶1 laptops. Journal of Educational Computing Research，30（4）：313-330.

算机，而不是将计算机集中配备到实验室。在共享的计算机网络实验室环境下，学生完成研究性课程中的研究、分析和交流任务几乎是不现实的。考虑到笔记本电脑能够带到班级中实现一对一的学生使用计算机环境，因此，使用笔记本电脑或者笔记本电脑手推车也可以消除班级时间调整的不便[1]。第二个克服技术获取障碍的办法是利用班级的少数几台计算机组织小组轮流学习[2]。在这样的课堂环境下，教师可以采用站点学习中心模式灵活地组织学生的学习活动。小组的学生可以轮流使用学习中心，这样就保证了每个学生都有机会使用计算机。除了增加设备，学校应该统筹规划，及时咨询教师，专门设置学生使用设备的时间，专门设置一些由学生负责管理的计算机[3]。在信息化管理方面，学校应该出台合理的设备管理制度[4]。

（三）克服信息化教学资源短缺的困难

加强多媒体教学使用必须重视各学科教学资源建设[5]。加强信息化教学资源建设首先是建立科学规范的教学资源开发机制，确保生产出适合师生需求的资源[6]，以及优先增加与新课标配套的同步教学资源[7]。具体的教学资源建设主要包括规范教学资源开发机制，促进教学资源共建共享；教师等相关人员制作、开发教学资源，实现教学资源共建共享；收集网络上已有教学资源；购买已有的教学资源库[8]。

（四）克服技术应用时间短缺的困难

为了克服技术应用时间短缺的困难，学校可以调整时间安排表，进而增加

---

① Lowther D L，Ross S M，Morrison G M. 2003. When each one has one：The influences on teaching strategies and student achievement of using laptops in the classroom. Educational Technology Research and Development，51（3）：23-44.

② Johnson D W，Johnson R T. 1992. Implementing cooperative learning. Contemporary Education，63（3）：173-180

③ 刘美凤.2010.信息技术在中小学教育中应用的有效性研究.北京：教育科学出版社：67-69.

④ 杜媛，刘美凤.2005.技术在教育中有效应用的关键——对教师的支持.开放教育研究，（4）：82-86.

⑤ 张英姿.2009.中小学教师信息技术融入教学的现状及相关因素研究——以上海宝山区七所学校为例.上海：上海师范大学硕士学位论文：56-58.

⑥ 刘美凤.2010.信息技术在中小学教育中应用的有效性研究.北京：教育科学出版社：67-68.

⑦ 马建辉.2009.信息技术在胜利油田中小学课堂教学的应用研究.济南：山东师范大学硕士学位论文：24.

⑧ 孙昱.2010.生态学视角下信息技术在中学有效应用探索——以北京市潞河中学为例.开封：河南大学硕士学位论文：51.

课堂教学时间[1]；减轻教师的教学负担，为教师熟悉技术及探索技术教学应用方法提供时间保障[2]。减轻教学负担的一种办法就是消减总体的课程内容。鼓励教师协作开发技术应用计划和材料[3]。相较于教师单独准备教学活动，教师集体工作能够减少用于准备信息化教学的时间。张英姿认为，学校管理者应该根据本校发展实际情况，适当减少教育变革项目，集中力量发展几个核心目标，为教师的工作负担做减法，给教师的探索实践做加法[4]。刘红岩认为，应该尽量减轻教师的非教学负担，使教师有充分的信息化教学准备时间[5]。

（五）克服信息化教学技术支持短缺的困难

学生通过培训可以解决简单的计算机硬件和软件问题，而不是雇佣许多专业的技术人员。只有当这些问题超出学生的解决能力范围时，学校才有必要雇佣专业技术人员。相较于雇佣全职的专业技术人员，这种处理方式更划算。Lim 等发现，利用学生在信息化课堂中帮助处理一些技术问题是一种高效方法，这样教师就能够集中精力组织和管理教学活动[6]。刘美凤认为，应该设立专门的技术支持岗位，为教师有效应用信息技术提供及时和专业指导[7]。王继新等提出，在"农远工程"实施过程中，在省、市、县、乡镇分别设置技术服务中心，构成完善的技术服务体系，保障"农远工程"的可持续发展[8]。

① Bowman Jr J，Newman D L，Masterson J. 2001. Adopting educational technology：Implications for designing interventions. Journal of Educational Computing Research，25（1）：81-94.

② Snoeyink R，Ertmer P A. 2001. Thrust into technology：How veteran teachers respond. Journal of Educational Technology Systems，30（1）：85-111.

③ Lim C P，Khine M. 2006. Managing teachers' barriers to ICT integration in Singapore schools. Journal of Technology and Teacher Education，14（1）：97-125.

④ 张英姿 .2009. 中小学教师信息技术融入教学的现状及相关因素研究——以上海宝山区七所学校为例 . 上海：上海师范大学硕士学位论文：58.

⑤ 刘红岩 .2006. 多媒体技术在小学教学中应用的研究 . 济南：山东师范大学硕士学位论文：33.

⑥ Lim C P，Teo Y H，Wong P，et al. 2003. Creating a conducive learning environment for the effective integration of ICT：Classroom management issues. Journal of Interactive Learning Research，14（4）：405-423.

⑦ 刘美凤 .2010. 信息技术在中小学教育中应用的有效性研究 . 北京：教育科学出版社：63-64.

⑧ 王继新，杨九民，贾成净等 .2005. 提高农村中小学远程教育工程设施教学应用绩效的对策研究 . 中国电化教育，（12）：27-30.

三、转变态度和观念

为了促进教师信息化教学的态度和观念的转变，需要考虑几个方面的因素，包括教师的知识和技能、学科文化、评价制度、机构支持、文化氛围等。机构支持主要包括有以下几种途径：建立技术教学应用的愿景和计划[1]，为教师提供必要的资源[2]，为教师提供持续的教师专业发展机会[3]，多鼓励教师[4]。

Granger 等在加拿大四所学校的研究中发现，教师强调校长对教师信息技术应用的重要性。例如，一位教师说："学校气氛宽松，校长鼓励我们实验和探索，允许我们犯错，而不是苛求你一定是对的。"另一位教师认为，优秀的领导力是"允许你自己做主，鼓励你"。这些发现都支持这样一种观点："当面对新技术时，教师在探索技术应用的过程中免不了出现过错，学校领导这时候应该给予他们宽容和理解。"[5]

教师在技术教学应用过程中需要鼓励和支持，那么怎么才能得到校长的更多支持呢？一种可能的办法是帮助校长理解技术教学应用的重要性，这样校长就能更加理解教师在技术教学应用中的体会（比如教师的焦虑感和探索过程）。校长对技术教学应用的理解可以通过校长培训实现，尤其是技术与课程整合方法培训[6]。

杜媛和刘美凤认为，应该从宏观层面逐步形成新的文化力量，激发信息技术应用内驱力，从学校层面建立科学的物质奖励制度[7]。宋敏认为，应该重建新

---

[1] Lawson T，Comber C. 1999. Superhighways technology：Personnel factors leading to successful integration of information and communications technology in schools and colleges. Journal of Information Techology for Teacher Education，8（1）：41-53.

[2] Sandholtz J H，Reilly B. 2004. Teachers，not technicians：Rethinking technical expectations for teachers. Teachers College Record，106（3）：487-512.

[3] Schiller J. 2002. Interventions by school leaders in effective implementation of information and communications technology：Perceptions of Australian principals. Journal of Information Techology for Teacher Education，11（3）：289-301.

[4] Mouza C. 2002. Learning to teach with new technology：Implications for professional development. Journal of Research on Computing in Education，35（2）：272-289.

[5] Granger C A，Morbey M L，Lotherington H，et al. 2002. Factors contributing to teachers' successful implementation of IT. Journal of Computer Assisted Learning，18（4）：480-488.

[6] Dawson C，Rakes G C. 2003. The influence of principals' technology training on the integration of technology into schools. Journal of Research on Technology in Education，36（1）：29-49.

[7] 杜媛．刘美凤．2005. 技术在教育中应用的关键：对教师的支持．开放教育研究，（4）：82-86.

型学校文化,包括合作的教师文化及创建学习型学校[①]。杜泽娟强调,树立积极和正确的整合观念,包括消除对信息技术与课程整合的抵制、正确认识信息技术与课程有效整合的本质[②]。张英姿认为,应该"营造技术应用的文化氛围,促进共同愿景的建立"[③]。蔡丽认为,"努力构建学习型学校文化,大力推行素质教育;建立合理的政策支持,调动教师运用信息技术的积极性"[④]。

四、提供专业发展机会

教师专业发展能够影响教师对待技术的态度和理念[⑤],以及为教师在课堂教学中使用技术提供知识和技能[⑥]。通过对全美1000多名教师的专业发展的不同特征所做的实证研究,Garet 等发现,相同时间内组织传统的和创新的专业发展所具有的培训效果是相同的。在此基础上,Garet 等认为,关注教师专业发展的特征比关注形式更加重要[⑦]。遵循该建议,我们应该特别关注教师专业发展的特征。

相关研究显示有效的技术教学应用相关的教师专业发展:关注内容(例如,技术知识和技能技术支持的教学法知识和技能、技术相关的课堂管理知识和技能),给教师亲身实践的机会,高度符合教师需求。首先,关注技术知识和技能显然很重要,因为教师如果缺乏操作硬件和软件的知识和技能,技术教学应用显然没法进行。Snoeyink 和 Ertmer 发现,如果教师不具备上网、文字处理等基本技能,那么教师将体会不到技术与教学整合的价值[⑧]。

---

① 宋敏 .2006. 信息技术与课程整合有效性探索——一所学校的个案研究 . 长春:东北师范大学硕士学位论文:34-35.

② 杜泽娟 .2006. 中小学信息技术与课程有效整合的整合 . 桂林:广西师范大学硕士学位论文:29-31.

③ 张英姿 .2009. 中小学教师信息技术融入教学的现状及相关因素研究——以上海宝山区七所学校为例 . 上海:上海师范大学硕士学位论文:58-59.

④ 蔡丽 .2009. 新课改背景下西安高中教师使用信息技术教学问题分析及对策研究 . 西安:陕西师范大学硕士学位论文:51.

⑤ Shaunessy E. 2005. Assessing and addressing:Teachers' attitudes toward information technology in the gifted classroom. Gifted Child Today,28(3):45-53.

⑥ Fishman B J,Pinkard N. 2001. Bringing urban schools into the information age:Planning for technology vs. technology planning. Journal of Educational Computing Research,25(1):63-80.

⑦ Garet M S,Porter A C,Desimone L,et al. 2001. What makes professional development effective? Results from a national sample of teachers.American Educational Research Journal,38(4):915-945.

⑧ Snoeyink R,Ertmer P A. 2001. Thrust into technology:How veteran teachers respond. Journal of Educational Technology Systems,30(1):85-111.

教师还需要具有技术支持下的必要的教学法知识和技能，以便在教学中整合技术①。刘美凤认为，教师培训应该关注信息技术的学科应用能力，帮助教师反思和总结特定的课程目标需要用什么样的技术来实现，怎样充分利用技术才能更加有效地完成教学目标②。Hughes通过对4位英语教师的研究发现，发展技术支持教学法的关键在于教师对课堂中技术教学应用价值的解释，达到这一目的最有效的方法是帮助教师理解技术使用和所教学科内容之间的关系，也就是建立在内容基础上的技术案例学习经验。越是特定内容的案例，教师越有可能认识到技术的价值，并努力学习相关技术。例如，新手教师可以观察有经验的同事在特定学科内容中如何使用技术。教师也需要理解使用技术进行备课。这类教师活动有助于成功的技术与教学整合③。Rogers和Finlayson的研究提出了几条解决途径，包括使用限定范围的网站资源、完成任务的明确截止日期，鼓励学生发展高效获取信息的技巧④。

有效的教师专业发展也关注与技术相关的课堂管理知识和技能。技术给课堂带来的改变经常导致较高的不可预测性。处理这种不可预测性的方法之一，就是建立清晰的技术使用规则。一些规则包括不允许学生安装程序，以及不允许修改计算机的控制面板。一些程序包括将计算机和学生进行匹配方便安排学生座位，使教师能够追踪到滥用计算机的学生，以及将技术水平较高的学生和技术水平较低的学生进行配对，从而减少学生因为技术问题频繁寻求教师帮助的情况⑤。

重新设计教室布局是帮助教师管理技术支持的课堂的另一个策略。例如，Zandvliet和Fraser发现，房间布局可以促进技术教学应用活动，也可以限制技术教学应用活动⑥。研究人员发现，教师始终偏爱外围形式的布局，因为这种布

---

① Mulkeen A. 2003. What can policy makers do to encourage integration of information and communications technology? Evidence from the Irish school system. Technology，Pedagogy and Education，12（2）：277-293.

② 刘美凤 .2010. 信息技术在中小学教育中应用的有效性研究 . 北京：教育科学出版社：62.

③ Hughes J. 2005. The role of teacher knowledge and learning experiences in forming technology-integrated pedagogy. Journal of Technology and Teacher Education，13（2）：277-302.

④ Rogers L，Finlayson H. 2004. Developing successful pedagogy with information and communications technology：how are science teachers meeting the challenge?. Technology，Pedagogy and Education，13（3）：287-305.

⑤ Lim C P，Teo Y H，Wong P，et al. 2003. Creating a conducive learning environment for the effective integration of ICT：Classroom management issues. Journal of Interactive Learning Research，14（4）：405-423.

⑥ Zandvliet D B，Fraser B J. 2004. Learning environments in information and communications technology classrooms. Technology，Pedagogy and Education，13（1）：97-123.

局能够让教师监控学生的活动，从而保证学生在使用计算机时持续投入学习任务中。学生也偏爱这种布局，因为这种布局让学生在完成项目和分配的任务时容易产生互动。

有效的专业发展为教师提供主动学习的机会。主动学习有几种形式，其中包括提供观察专家型教师活动的机会[1]。新手教师观察专家型教师的一种方法是使用伙伴策略，在该策略中，新手教师和专家教师一起使用技术[2]。例如，新手教师可以观察有经验的教师在特定学科中如何使用技术，这种策略也就是 Ertmer 所指的替代性经验[3]。宋敏提出了基于学习共同体的教师信息技术培训模式[4]。

有效的教师专业发展与教师需求相适应[5]。Granger 等发现，及时学习的专业发展对教师的技术与教学整合贡献最大[6]。杜媛和刘美凤提出了教师培训要结合现状及时调整[7]。刘美凤提出，教师培训首先要了解教师真实需求，针对不同地区、年龄、技术水平的教师选择不同培训内容和培训方式[8]。教师更容易接受及时学习型专业发展，而不是备用学习型的专业发展[9]，因为及时学习解决了教师迫在眉睫的问题，始终符合教师需求。这种基于需求建构技术知识和技能的方法能够使教师成为积极的知识建构者，即教师能实现真正的自主学习并获得特定的技能[10]。

[1] Garet M S，Porter A C，Desimone L，et al. 2001. What makes professional development effective? Results from a national sample of teachers. American Educational Research Journal，38（4）：915-945.

[2] Lim C P，Khine M. 2006. Managing teachers' barriers to ICT integration in Singapore schools. Journal of Technology and Teacher Education，14（1）：97-125.

[3] Ertmer P A. 2005. Teacher pedagogical beliefs：The final frontier in our quest for technology integration?. Educational Technology Research and Development，53（4）：25-39.

[4] 宋敏 .2006. 信息技术与课程整合有效性探索——一所学校的个案研究 . 长春：东北师范大学硕士学位论文：36-37.

[5] Keller J B，Bonk C J，Hew K. 2005. The TICKIT to teacher learning：Designing professional development according to situative principles. Journal of Educational Computing Research，32（4）：329-340.

[6] Granger C A，Morbey M L，Lotherington H，et al. 2002. Factors contributing to teachers' successful implementation of IT. Journal of Computer Assisted Learning，18（4）：480-488.

[7] 杜媛，刘美凤 .2005. 技术在教育中有效应用的关键：对教师的支持 . 开放教育研究，（4）：82-86.

[8] 刘美凤 .2010. 信息技术在中小学教育中应用的有效性研究 . 北京：教育科学出版社：62-63.

[9] Schrum L.1999.Technology professional development for teachers.Educational Technology Research and Development，47（4）：83-90.

[10] Granger C A，Morbey M L，Lotherington H，et al. 2002. Factors contributing to teachers' successful implementation of IT. Journal of Computer Assisted Learning，18（4）：480-488.

五、调整评价方式

因为课程和评价是紧密相关的，所以在技术与学校课程整合的时候，要么重新考虑评价方式，要么使技术的使用能够符合标准化测试。对于前者而言，评价策略的替代模式应该详细陈述。例如，Bowman 等发现，教师与学生签订协议以便学生知道应该提交什么作为自己最后的成绩。这种协议规定了学生应该制作多少张幻灯片，以及如何收集信息的证据。其他教师开发了学年内评价和考核学生作业的电子档案袋条款[①]。宋海章认为，多媒体教学应该坚持多元、多主体的评价方式，应重视过程性评价，以评促学，充分利用信息技术优势将评价融于学习过程中[②]。

虽然使用替代评价方式是可行的策略，但是仍然需要考虑技术使用应该符合当前的标准化考试。Dexter 和 Anderson 提供了学校如何实现该目标的案例，这些案例主要是调整技术使其符合国家课程标准。例如，纽瑟姆公园小学因为学生标准化学习成绩较低收到了教育部的警告。为此，学校优先将当地课程内容和技术使用与国家学习标准结合起来[③]。

[①] Bowman Jr J，Newman D L，Masterson J. 2001. Adopting educational technology：Implications for designing interventions. Journal of Educational Computing Research，25（1）：81-94.

[②] 宋海章 .2010. 中学课堂使用多媒体课件教学的有效性研究 . 兰州：兰州大学硕士学位论文：32-33.

[③] Dexter S，Anderson R E. 2002. USA：A model of implementation effectiveness. http://www.edtechcases.info. [2014-05-23].

第三章

农村教师信息技术应用的条件和状况

信息技术在教学中应用需要具备三个条件：信息化硬件设备、信息化教学软件和教学资源、教师信息技术操作能力。信息技术应用状况一方面可以从"教师对信息化教学的认识"间接描述，另一方面可以从"信息化教学的历史、现状"直接描述，"教师对信息化教学的认识"可以被理解为信息技术应用的条件。该部分包括信息化基础设施和硬件设备、教学软件和教学资源、教师信息技术操作能力、教师对信息化教学的认识、信息技术应用的历史和现状五个方面。本书的调查样本是 A 学区和 B 学区，信息技术应用状况反映的是 A 学区和 B 学区的情况。论证过程中，笔者从 A 县和 B 县的信息化整体发展层面阐述 A 学区和 B 学区的信息化情况。

第一节　信息化基础设施和硬件设备

学校信息化设备的来源包括学校自购、政府配备和社会捐赠。农村学校信息化教学设备的重要来源之一是"农远工程"，所以这里先简单介绍"农远工程"的三种模式。

模式一：电视＋DVD＋教学光盘，信息化设备是DVD播放机和彩色电视机，基础设施为教学光盘播放室，配备对象主要是规模较小的学校等农村教学点。

模式二：卫星接收系统，设备配备如下（图 3-1），信息化教学设备是接收教学资源的计算机和彩色电视机，基础设施为多媒体教室，配备对象主要是农村完全小学等规模较大的学校。模式二含有模式一的设备。

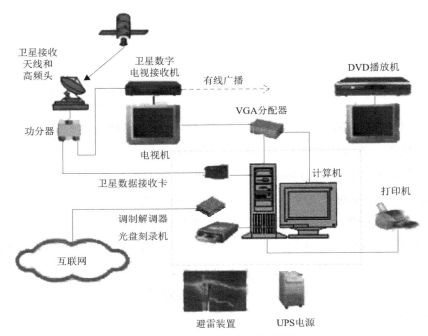

卫星接收天线和高频头

卫星数字电视接收机

有线广播

DVD播放机

VGA分配器

功分器

电视机

计算机

卫星数据接收卡

打印机

调制解调器

光盘刻录机

互联网

避雷装置　UPS电源

图 3-1　"农远工程"模式二

资料来源：广西教育教学信息资源网．农远工程——卫星教学收视点（模式二）.http://www.gxer.net/newsinfo.aspx?pkid=13984.[2014-09-10]

模式三：计算机网络教室，设备情况如下（图 3-2），信息化教学设备是多媒体教学设备，基础设施是多媒体教室（计算机＋投影机＋幕布＋实物展示台等）和计算机网络教室，配备对象主要是农村中学。模式三包含模式一和模式二设备。

一、A 学区信息化设备配备情况

20 世纪 90 年代，A 学区在当地教育部门支持下有计划地推行"两机一幕"（光学投影仪、录音机和幕布）进课堂。1998 年开始，A 学区的学校陆续开始添置计算机等设备，下面论述 A 学区各学校信息化设备配备过程。

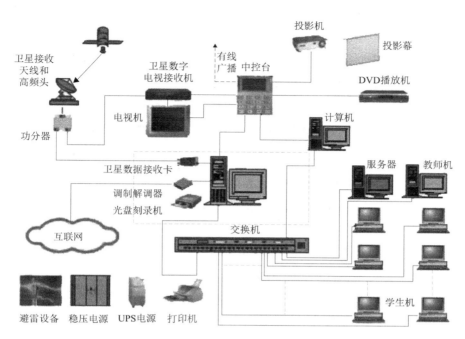

图 3-2 "农远工程"模式三

资料来源：桂平市白沙镇第三初级中学．农远工程计算机教室（模式三）.http://school.ggedu.gov.cn/show.
aspx?id=13162&cid=6487.[2014-09-10].

（一）A 中学信息化设备配备情况[①]

1998 年，A 中学出资 8000 元购置了第一台计算机用于制作试卷等，学校老师接触计算机的机会很少。

2000 年，A 中学出资 15.8 万元，购置了计算机 30 台，建成 A 县第一个农村学校计算机教室，同时花费 1.5 万元接入互联网；同年，A 中学购置 11 台计算机用于办公和教师备课。

2002 年，A 中学出资 4 万元购置了 DVD 和电视，并建成多媒体教室，学校具备多媒体教学条件。

2003 年，A 中学出资 2.8 万元，从网吧购置了旧计算机 27 台，但使用不到一年就报废了。

---

① 数据来源于笔者对校长、教师、会计等对象的访谈。

2004 年，学校利用家长捐款为每个班级配备了一台电视机，组成闭路电视教学系统。

2005 年，"农远工程"为学校配备模式三，包括 30 座无盘工作站和多媒体教学设备等。同年，A 中学购置 2 台实物投影仪。截至 2005 年，A 中学有两套多媒体教学设备，一套是 2002 年购置的多媒体教学设备，另一套是"农远工程"配备的多媒体设备。由于教室不够用，两套多媒体设备放置在同一个教室内。

2007 年，A 中学购置了 3 台计算机，同年以光纤接入互联网，带宽 4 兆。2007 年之后，A 中学再没有配备计算机。

（二）HZ 等小学信息化设备配备情况[①]

LF 小学于 2000 年购置了第一台计算机，2003 年购置第二台计算机，2004 年"农远工程"模式二为学校配备的第三台计算机。LF 小学属于 A 学区较早配备计算机的学校。

XB 小学于 2001 年购置了第一台计算机，2004 年配备"农远工程"模式一，2007 年配备"农远工程"模式二。

NB 小学、DB 小学和 HZ 小学于 2002 年购置了学校第一台计算机，2004 年配备"农远工程"模式二。

HM 小学于 2002 年购置了第一台计算机，并购置了电视机建成多媒体教室用于新课程改革，2004 年配备了"农远工程"模式二。

HX 小学于 2000 年有了第一台计算机，于 2004 年配备了"农远工程"模式二，于 2005 年购置了 10 台计算机建成计算机教室，但运行一年后因为经费缺乏而关闭。计算机教室的计算机部分卖给本校教师及 A 学区其他小学，剩余计算机用于学校办公和多媒体教学。2005 年后，HX 小学共有 4 台计算机且都用于多媒体教学，办公计算机和电视机组成多媒体教学系统，"农远工程"模式二配备到专门的多媒体教室，两个普通教室各有一套多媒体教学设备。

HSG 小学于 2002 年购置了第一台计算机，于 2003 年配备了"农远工程"模式一，于 2004 年配备了"农远工程"模式二，2006 年购置第三台计算机。

---

① 数据来源于笔者对校长、教师、会计等对象的访谈。

GM 小学于 2002 年从网吧购置了二手计算机 1 台，于 2004 年购置了计算机和电视机建成多媒体教学系统，2007 年配备"农远工程"模式二。

NG 小学于 2003 年配备了"农远工程"模式一，于 2003 年购置了第一台计算机和电视机建成多媒体教学系统，于 2007 年购置了第二台计算机，NG 小学一直到 2010 年教育布局调整都没有配备"农远工程"模式二。

LSK 小学于 2002 年购置了第一台计算机，于 2007 年配备了"农远工程"模式二。

综合而言，除了 NG 小学，A 学区的学校都是 2002 年前配备了第一台计算机，用途是办公。2004 年，"农远工程"为多数学校配备模式二，这些学校具备了多媒体教学条件，没有配备模式二的学校也购置了计算机和电视机建成多媒体教学系统。配备"农远工程"模式一或模式二的学校都建有相应的光盘播放室和多媒体教室，教师在光盘播放室或多媒体教室上多媒体课。2005—2007 年，HZ 等小学陆续接入互联网。

（三）A 小学信息化设备配备情况[①]

2010 年，A 小学接替使用了 A 中学、HZ 等 11 所小学的信息化设备，但是这些设备存在严重老化问题。A 小学计算机教室的计算机是"农远工程"2005 年为 A 中学配备的无盘工作站。学校办公和备课的计算机是 2004 年"农远工程"模式二配备的计算机。A 小学的多媒体教学设备是 2005 年"农远工程"为 A 中学配备的多媒体教学设备。

2011 年 9 月，上级教育部门为 A 小学配备一套电子白板设备，A 小学建成电子白板教室，原有的多媒体教学设备由于投影机损坏不再使用。

2012 年 6 月，教育局为 A 小学配备教师办公计算机 4 台、学生计算机 44 台，液晶电视＋实物展示台一套。

2012 年 5—7 月，上级部门配备的信息化设备分配到办公室或功能室。新设备未到之前 A 小学计算机配备情况是：计算机教室 30 台、校长 1 台、副校长 1 台、政教主任 1 台、教导主任 1 台、副教导主任 1 台、总务主任 1 台、学校会计

---

① 数据来源于笔者对校长、教师和会计等对象的访谈。

1台、校办公室主任1台、学区会计1台、文印员1台、后勤管理2台、校园监控室1台、信息中心4台（1台用于校园广播系统和电子屏系统，3台为教师公用）、各年级组办公室各1台、电子白板教室计算机1台。2012年6月，A小学新计算机和旧计算机配备情况：计算机教室49台（42台新学生用计算机、6台旧学生用计算机、1台旧教师用计算机）、校长1台新计算机、政教主任1台新计算机、校办公室主任1台新计算机、信息中心1台新计算机、副校长1台新计算机、学区会计1台新计算机，计算机教室淘汰的旧计算机分配到19个班级教室（计算机教室的旧计算机严重老化，计算机屏幕都不能正常显示），各年级组办公室的计算机及其他办公室淘汰的旧计算机共10台配备到图书室建成学生电子阅览室，科学实验室分配1台旧计算机与液晶电视和实物展示台建成多媒体教学系统，少先队大队辅导员分配到淘汰的旧计算机1台。年级组办公室计算机撤销后，学校安排教师在计算机教室使用计算机。2012年秋季，A小学购置两台笔记本电脑用于办公，A小学网络带宽为光纤4兆。

二、B学区信息化设备配备情况

2002年前B学区个别学校有光学投影仪等电教设备。2002年后随着"教育部、李嘉诚基金会西部中小学现代远程教育项目"（以下简称"李嘉诚项目"）的实施，B学区的学校逐渐配备计算机等信息化设备。下面阐述的是B学区B小学、GJY小学、TPB小学、GDZ小学、HLG小学、B中学的信息化设备情况。

（一）B小学信息化设备配备情况[①]

2001年，B小学通过向学生收取信息技术上机费，建成30座计算机教室，一直使用到2011年。B小学是B县第一所建成计算机教室的农村学校。2001年计算机教室建成后，教师电子备课就在计算机教室完成。

2002年，"李嘉诚项目"为B小学配备卫星小站，B小学利用"李嘉诚项目"配备的计算机并自己购置了投影机、幕布等建成第一个多媒体教室，该多媒体教室也是B学区的第一个多媒体教室，一直使用到2011年。2011年后该多媒体教

---

① 数据来源于笔者对校长、教师和会计等对象的访谈。

室由于投影机灯泡损坏等原因放弃使用。

2002—2008 年，B 小学共购置 6 台计算机用于教师电子备课和办公。

2006 年，B 小学通过电话线接入宽带互联网，刚开始带宽是 2 兆，后来扩宽成 4 兆。

2008 年，当地企业为 B 小学捐资建成多媒体功能厅。该多媒体功能厅是 B 学区最好的多媒体教学设施，也用于 B 学区的公开课展示活动。

2008 年，当地城市学校为 B 小学捐赠 10 台计算机，捐赠的计算机一部分补充到计算机教室，一部分用于教师办公和备课。2010 年，中央文明委为 B 小学捐赠了 10 台计算机，捐赠的计算机一部分补充到计算机教室，一部分用于办公等。

2011 年，B 中学撤销，B 中学的 30 座无盘工作站计算机分配给 B 小学，计算机教室原有计算机用于学校的办公和备课。

2011 年 12 月，农村薄弱校改造项目为 B 小学配备了 5 套电子白板教学设备，5 套电子白板设备配备到 5 个班级。

2012 年，中央文明委再捐赠给 B 小学 10 台计算机，这 10 台计算机全部补充到计算机教室。2012 年，一家图书基金会捐赠给 B 小学 1 台计算机。

B 小学各功能室和办公室计算机配备情况如下：计算机教室 41 台（29 台无盘工作站、1 台服务器、1 台教师机、10 台新计算机）、语文教研室 5 台、数学教研室 4 台、教导处 2 台（1 台办公、1 台用于校园监控）、校长室 1 台、总务处 1 台、文印室 1 台、音乐教室 1 台、舞蹈教室 1 台、图书室 1 台、校园广播系统 1 台、多媒体教室（多功能厅和电子白板教室）6 台。B 小学多媒体教学设备共有 6 套，学校网络带宽是 4 兆。

（二）HLG 小学、GDZ 小学、GJY 小学、TPB 小学、B 中学信息化设备配备情况[1]

2002 年，"李嘉诚项目"为 HLG 小学、GDZ 小学、GJY 小学、TPB 小学和 B 中学配备了卫星小站。卫星小站为学校配备了计算机和教学资源的接收设备，

---

[1] 数据来源于笔者对校长、教师和会计等对象的访谈。

电视为学校自行购买。

B 中学 2004 年建成了"农远工程"模式三，学校有了多媒体教室和计算机教室（30 座无盘工作站），B 中学也自行购买了计算机 2 台。

GJY 小学于 2004 年购置了 1 台计算机和 1 台电视设备建成多媒体教学系统，2005 年，学校利用捐赠的 10 台旧计算机建成计算机教室，计算机教室也用于教师电子备课。GJY 小学是 B 学区第二所具备多媒体教学条件的学校，也是第二所建成计算机教室的学校。2013 年，GJY 小学有计算机教室的旧计算机 7 台、教师用机 1 台和电子白板教学系统两套。

GDZ 小学有一个 8 座计算机的教室，但计算机教室的计算机是捐赠的旧计算机。GDZ 小学有教师用机 2 台，多媒体教学设备实现"班班通"（2013 年秋季安装，多媒体设备是城市学校捐赠的淘汰设备）。

HLG 小学有一个 10 座计算机教室，计算机教室的计算机一部分是近两年捐赠的新计算机，另一部分是学校购买的新计算机。学校有教师用机 3 台和一套多媒体教学设备。

TPB 小学于 2005 年获得一家外地企业捐赠的计算机 5 台，2010 年获得当地一家企业捐赠的计算机 20 台。2014 年，TPB 小学有一个 18 座计算机教室、教师机 2 台、一套多媒体教学设备。

综合而言，TPB 小学和 HLG 小学的计算机教室添置的是 2010 年以来新计算机，GDZ 小学和 GJY 小学的计算机教室添置的是 2005 年前的旧计算机。TPB 小学、HLG 小学各有一套多媒体教学设备，GDZ 小学实现"班班通"，GJY 小学有两套电子白板教学设备。TPB 小学、HLG 小学、GDZ 小学和 GJY 小学都已经通过电话线接入宽带互联网。

小结

基于本书的调查或可得出以下结论。

1）A 中学和 B 小学分别是 A 县和 B 县最早建成计算机教室的农村学校。A 中学和 B 小学信息化起步早与校长有很大关系，正如 A 县电教馆 W 馆长说："比如前些年上机收费这件事，有的校长动作快，就搞得好；有的校长迟迟不做，最后连收费的机会也没抓住，校长太重要了。"

2）农村学校信息化硬件条件严重落后，影响了信息化教学。A 小学的教师经常谈到教室配备的计算机是摆设，这里的摆设是指配备的计算机完全报废，开机都开不了。A 小学仅有的一个电子白板教室很难满足 40 多位教师上多媒体课的需求。

3）B 小学近几年信息化发展相对较好主要是因为 B 小学有较强的社会关系。其他原因还包括：B 小学规模较大，学校公用经费相对较好；B 小学作为中心小学具有试点示范的性质，上级部门优先为 B 小学配备设备；B 小学校长重视学校信息化建设。

4）B 小学的信息化情况代表不了 B 县的教育信息化情况，因为 B 小学是 B 县信息化条件最好的农村学校。

5）农村教育信息化项目直接驱动学校教育信息化发展，即农村学校的信息化设备主要由教育信息化项目提供。

6）农村教育信息化项目对农村中小学信息化投入不足，且不具可持续性。

7）"农远工程"为农村学校配备的计算机不仅用于接收卫星教学资源，也用于学校办公等。

8）2006 年后实施的义务教育公用经费政策剥夺了校长通过向学生收费加强学校信息化建设的权力。

第二节　教学资源类型和获取途径

该部分论述 A 学区和 B 学区信息化教学中常用的教学资源类型及教学资源获取途径。这里的教学资源是指教育软件，以及由教育软件制作的教学资源，并不包含硬件设备等。

一、教学资源类型

教师应用的教育软件，办公方面主要是 Word 和 Excel，教学方面主要是 PPT，B 学区个别教师用 Word 制作课件，A 学区少部分教师用 Flash 制作课件。

除了使用 PPT 制作课件，教师使用的信息化教学资源还有教学光盘，主要用于音乐课、美术课、语文课等。有的教师认为光盘教学局限性大，如以下两位访谈对象所说[①]：

> 光盘不如从互联网找资料方便，有时候还和教学发生冲突，光盘上的资源数学课上还能用到，语文课因为变化快多数情况用不上。

—— A5C 老师

> 光盘局限性太大。第一，上级配发的光盘未必和我们学生的实际需要相符。第二，要制作光盘，就得专门安排人去做这件事情，我们老师的工作量都很大，抽不出这样的人来承担这项工作。

—— A3G 校长

二、教学资源获取途径

农村教师可利用的教学资源有"农远工程"模式一配发的教学光盘、"农远工程"模式二接收的卫星教学资源，以及从互联网下载的教学资源。通过对 A 小学和 B 小学教师的公开课和日常课的观察，教师使用的教学资源都是 PPT 课件。教师获取 PPT 课件的途径包括教师自制、卫星接收和互联网下载。

（一）教师自制

2004 年之前，A 学区还没有配备"农远工程"模式二或接入互联网（当时，互联网上的课件也很少），教师使用课件只能自制，制作课件的素材由学校购买或者教师去网吧下载，由于课件素材有限，自制课件质量并不高。2004 年之后，绝大多数学校配备了"农远工程"模式二或接入互联网，教师一般利用"农远工程"的课件或从互联网下载，在简单修改后投入使用。教师一般只有在参加公开课等活动时才会自制课件。

---

① 为反映访谈的真实性，本书未对口语化的表述进行深加工。

1. 自制课件的缺点

A 学区和 B 学区多数教师只会制作 PPT 课件，而且 PPT 课件基本上是图片和文字，很少有动画、视频和音频等多媒体素材。由于教师信息技术能力较差，自制课件的质量相对较差。另外，教师自制课件占用大量的教学准备时间，在互联网条件下，即使信息素养较高的教师制作最简单的 PPT 课件也需要耗费一个多小时。由于制作课件耗费时间多，日常教学中几乎所有老师都不愿意自制课件。

2. 自制课件的优点

教师自制的课件虽然技术含量较低，但它是由教师按照自己的教学思路准备的，更加贴合教学目标和学生实际情况。此外，教师经常自制课件有利于巩固和提高教师的课件制作能力。

（二）卫星接收

卫星下载课件是指学校通过卫星小站或"农远工程"模式二利用卫星网络接收 IP 教学资源供教师使用。2002 年"李嘉诚项目"为 B 学区建成了卫星小站，B 学区就通过卫星接收教学资源。A 学区除 NG 小学外的学校分别在 2004 年、2007 年建成"农远工程"模式二，这些学校可以利用卫星接收教学资源。2012年底，国家"教学点数字教育资源全覆盖项目"启动，没有接入互联网的农村教学点可以通过卫星接收教学资源。

1. 卫星接收教学资源的缺点

卫星接收教学资源增加了学校负担，学校需要安排教师专门负责卫星教学资源接收、存储等。如 A2ZY 老师说：

> 2004 年我开始负责远程教育，工作忙得很，我得每天接收卫星资源，接收下来电脑硬盘满了，还得赶紧刻录光盘，不断地浪费电资源，浪费人力资源，买光盘再浪费钱。最后大家发现卫星上有的东西可以通过互联网把网址输进去检索到，想用哪个用哪个，随时随地可以拿来用。

从教学适应性讲，一些教师认为卫星资源不适合农村学生。卫星教学资源也存在查找不便的问题。

2. 卫星接收教学资源的优点

相对于教师自制课件，卫星接收教学资源减少了教师课件制作的时间，教师只需修改课件就可以投入教学。另外，卫星下载的课件画面精美、内容丰富、技术性强，对学生更有吸引力。卫星接收课件减轻了教师制作课件的负担，提高了教师，尤其是课件制作不熟练的教师多媒体教学的积极性。我国仍然有少数农村教学点不具备宽带接入条件，卫星接收教学资源仍然是这些学校获取优质教学资源的重要途径。

（三）互联网下载

2007 年之后，A 学区和 B 学区的农村学校基本都接入互联网，教师主要通过互联网获取教学资源。互联网上的教学资源更加丰富、可选择空间更大，教师不仅可以下载"农远工程"的教学资源，也可以下载其他网站的教学资源。如 A5P 老师说：

> 不断地有新教学资源在网络上流传、转载、补充，网络上的教学资源非常丰富，有中央电教馆提供的，一些个人网站、学校网站也提供了丰富的教学资源。

近年来，农村学校网络条件不断改善，越来越多的农村学校接入了互联网。

小结

基于本书的调查或可得出以下结论。

1）总体而言，农村教师掌握的教育软件主要是 Word、Excel 和 PPT，课件制作软件主要是 PPT，制作的 PPT 课件多是图片和文字。

2）A 学区教师掌握的课件制作软件比 B 学区教师多。A 学区 10% 的教师能用 Flash 制作课件，3 位教师还掌握 Photoshop、会声会影等软件的使用。A 学区教师在国家级和省级课件比赛中获过奖，B 学区教师则没有课件获奖经历。A 学区教师比 B 学区教师软件掌握情况好的原因：第一，A 学区信息技术培训情况较好；第二，A 学区教师软件学习氛围浓厚。

3）A 学区和 B 学区的教师都是从互联网下载课件，并根据教学需要修改后投入使用。

4）农村教师从互联网获取教学资源可以满足其教学需要。信息化教学资源对信息技术应用的影响已经转化成网络设施对信息技术应用的影响，也就是说，学校只要接入互联网就可以满足教师的信息化教学资源需求。

5）农村学校信息化网络设施建设应该优先发展宽带互联网。接入宽带互联网不仅方便下载教学资源，而且在查阅信息、电子办公等方面都发挥重要作用。卫星资源接收适用于不具备宽带互联网接入条件的学校。

第三节　教师信息技术操作能力

教师要在教学中使用信息技术，首先要会操作硬件设备和软件，这里把教师操作硬件和软件的能力称为信息技术操作能力。

一、教师信息技术操作能力现状

（一）A 小学教师信息技术操作能力现状

从打字规范程度分析，受访教师中能够规范打字的占 1/3，大部分教师都是用 4～6 个手指打字，也有教师用 1～2 个手指打字。

从信息化硬件维护分析，A 小学电教主任负责学校网络维护、计算机教室维护、打印机和复印机维修、视频监控设备维修等，与信息化有关的硬件设备都由电教主任负责维护。

从掌握的软件分析，A 小学绝大多数教师掌握 PPT、Excel 和 Word 软件，A 小学政教主任精通 Photoshop 和 Flash 软件，校办主任掌握会声会影软件，A2D、A6YQL、A1ZJ 等教师掌握 Photoshop 软件，并在课件比赛中获过奖，A1YY 老师有计算机一级等级证书，简单了解音乐制作、视频制作、图片处理软件。

（二）B 小学教师信息技术操作能力现状

从打字规范程度分析，受访教师中规范打字的占 1/4，BSLZG、BSYL 老师能够规范打字，大部分教师都是用 4～6 个手指打字，也有教师用 1～2 个手指打字。

从信息化硬件维护分析，B 小学没有电教主任，学校所有与信息化硬件维护相关的工作都由 BSLZG 老师负责。

从掌握的软件分析，B 小学教师掌握 PPT、Excel 和 Word 等办公软件。B 小学 BSLZG 和 BYFQF 老师软件操作水平较高，学校教师公开课的课件制作都是请教这两位教师，BYFQF 老师也负责学校校刊编辑。

综上，A 小学和 B 小学的教师掌握的软件主要有 Word、Excel 和 PPT 等办公软件，其中，A 小学教师掌握软件的情况较好。A 小学政教主任 A5D 老师的 Photoshop 和 Flash 软件水平很高，达到专业水平，A5D 老师在国家级课件比赛中获过奖。A 小学电教主任 A1ZJ 老师的信息化维护水平基本能够满足学校需求。B 小学 BSLZG 老师的信息化维护水平高于 A 小学 A1ZJ 老师，原因是 BSLZG 老师大学专业是物理专业，学习过计算机课程，对计算机也感兴趣，但是 A1ZJ 老师掌握的软件比 BSLZG 老师少一些。

二、教师信息技术操作能力成长途径

（一）培训

1. 信息技术培训基本情况

教师参加的信息技术培训有省级、市级、县级和校本培训，培训时间有两个星期的，也有两三天的。教师参加培训的机会并不均等，有的教师参加培训的次数多，一般年轻教师、骨干教师、学校领导、电教负责人参加培训的次数较多。

A 县信息技术培训全面一些，这里以 A 县为例说明教师信息技术培训情况。A 县信息技术培训从 2000 年开始，之后陆陆续续有信息技术相关培训，正如 W 馆长所说：

A 县教师信息技术培训在全省来讲起步是非常早的，2000 年开始电教馆启动了教师信息技术培训，老师脱产培训半个月，男 55 岁以下、女 50 岁以下的老师都培训了一遍。培训解决的问题是会用计算机，会基本操作 Word、Excel、PPT，收发电子邮件。培训和职称挂钩，培训非常顺利，为信息技术教学应用奠定了非常好的基础。紧接着是"农远工程"培训，一所学校有两位教师到省上参加培训，后来又是区级培训，那时候的培训就不是解决基本操作的培训，而是教学应用的培训。后来又是校本培训，每周培训 4 小时，要求教师有学习笔记。校本培训进行了三四年，这几年又进行教师教育技术能力培训、英特尔未来教育培训。我们的老师平均参加信息技术培训都在两次以上，多的三四次，有的六次，教师信息技术培训情况是很乐观的。

2. 教师对各类培训的效果的看法

对于信息技术培训的效果，教师看法不一，有的教师认为培训对自己的信息技术能力成长帮助较大，有的教师认为参加培训没有任何效果。A5C 老师认为县级培训效果差、校本培训效果好，如下是 A5C 老师所说：

县级培训时老师用教师机演示，之后自己练习，练习完之后完成作业。但是一般而言，作业都是复制粘贴，我们就是不停地复制粘贴（笑），起不了什么作用，而且还很累。有时候因为在同一时间上传作业，几百名教师同时上传作业，网速就很慢。所以我们早晨早早起来，趁大家没在网上的时候上传作业，既劳民伤财，又没有一点点收获。

在 GM 小学的时候学校也搞培训，我们五六个老师坐到一台计算机前，然后培训老师教我们怎么上网、怎么建博客，这个挺好的。

然而，AHYH 老师认为学区培训效果好、学校培训效果差：

学区培训效果好，一开始我什么都不懂，经过学区培训学会了开机、打字等，再加上自学，慢慢就学会了。校本培训按教育局要求也有，但培训质量比较差，也就是抄些笔记，起不到多大作用。

（二）自学

自学是指教师在实践中通过自己探索及向同事请教等掌握信息技术操作能力。A 学区电教主任、政教主任、校办主任的信息技术能力在 A 小学是最高的，他们都是通过自学掌握信息技术的。教师都认为，自学在自身信息技术能力提升中发挥重要作用，这里列举一些教师的看法，以及教师自学信息技术的方式。

信息技术多半都是自学的，主要还是自己多用、多操作。不操作，有些东西就忘掉了。

—— A2ZJ 老师

主要是实践中操作，遇到别人操作电脑的时候我到跟前看着学学，也就学会了。

—— A4HX 老师

五笔打字是自学的，会声会影也是自学，那时候比较感兴趣。

—— A1Y 老师

（三）学校教育

学校教育是指教师在中学、中等师范、大学期间学习和掌握信息技术操作技能，包括教师职前学习信息技术和教师参加工作后考取学历期间学习信息技术。职前通过学校教育掌握信息技术技能的主要是年轻教师，由于中学、中等师范、大学开设信息技术相关课程主要是从 2000 年开始，职前学习过信息技术的教师主要是 2004 年之后参加工作的教师。职后进修学历期间学习信息技术的教师也是 2000 年之后在中等师范学校或大专院校期间学习信息技术。

1. 职前学校教育期间学习信息技术

A 小学的 A3ZXL 老师于 2004 年大专毕业，2008 年到 A 中学任教。A3ZXL 老师能使用五笔打字，计算机技能是在中等师范学校和大学期间掌握的，参加工作后没有进行过信息技术培训，也没有再自学过信息技术。A 小学的 A1ZY、A3LN、A5LZ、A5ZJ 老师和 B 小学的 BSYL 老师年龄较小，参加工作前都在学校学习过信息技术相关课程。

2. 职后进修学历期间学习信息技术

A 小学的 A4YF 老师对计算机感兴趣，进修学历时"专门挑选计算机相关专业"，A4YF 老师在专科学校学习的是会计电算化专业，本科学的是计算机专业。A 小学的 AHYC 老师在 2000 年进修学历期间学习过计算机课程。

（四）案例分析

总体而言，培训、自学、学校教育在农村教师信息技术操作能力发展中都发挥着重要作用，只是不同途径发挥作用的程度不同。这里列举几位典型教师的信息技术操作能力发展途径。

1. BSYL 教师

BSYL 老师出生于 1981 年，2001 年参加工作，能够规范打字，计算机操作水平在 B 小学数学教研室 12 位教师中排名第二。

BSYL 老师参加工作前在中等师范学校期间学习过计算机，如 BSYL 老师说：

> 计算机是我在师范二年级学的，当时是侯岳老师给我们教的数据库，那些内容我们听懂的人很少。我唯一学会的就是打字。那时候计算机不普遍，我们学校都没有计算机，我们自己一个小时一块钱在劳动局学习计算机，我指法比较熟练。到师范三年级的时候××中学职教班合并到师范学校，我们就有了计算机系，计算机系负责我们的计算机教学，这时候就开始接触 Windows97。以前我们用的计算机都是黑白的那种，刚看到彩色计算机屏幕感觉非常新鲜，那时候教给我们的是 Excel、Word 等一些常用内容。

2001 年师范毕业后，BSYL 老师当了一年代课教师，2002 年被分配到一所九年一贯制学校一直工作到 2004 年，受学校条件限制 BSYL 老师在此期间没有接触过计算机。

2005 年，BSYL 老师被调到 B 小学。2005 年，BSYL 老师第一次在公开课活动中接触 PPT，如 BSYL 老师所说：

> 那时候家里没有计算机，我就学不上。学校里也只有一台计算机，计算机在领导跟前，也不好意思去用。那年学区高老师上课的时候，在电视

机上放 PPT，这是我第一次接触多媒体教学，我就感觉好得很，他讲那一课的时候把很多风景图片用幻灯片一幅一幅放出来，先让学生欣赏，然后慢慢引导。我看了之后觉得这个东西好啊。那时候有些老师接触得比较早，已经学会了，我们也就学着做了。后来我回忆，其实这些我都学过，只不过没有实际使用过。我在师范学校的时候自己制作过幻灯片，只是参加工作后没条件使用，后来我在修改下载的课件的时候，发现有些功能我好像见过，因为师范毕业之后四年没用过 PPT，所以当时没想到高老师用的就是 PPT。

从 2006 年开始，B 小学为教师配备了计算机，BSYL 老师在日常使用中逐渐掌握了信息技术操作。如 BSYL 老师所说：

> 后来计算机多了，每个老师都会点，你用的时候问一下别人。比如，前段时间我下载的文章里空行多得很，一位老师教我用一个键就把空行去掉了，就这样一边工作一边学习计算机了。

2005 年，BSYL 老师参加过一次英特尔未来教育培训，如 BSYL 老师所说：

> 教育技术方面的培训，2005 年我参加过一次英特尔未来教育培训。当时就学会下载图片和调整图片大小，总共培训了七天。白天没啥事情，晚上去一两个小时，我最大的收获就是学会在 PPT 里放图片，在 PPT 里放文字我以前就会了。那时候有些教师接触过图片下载，我让他们教一下，就知道在哪搜图片，怎么下载，怎么调整图片大小，这就是当时的培训成果。

2012 年，BSYL 老师参加了"'国培计划'2013 年教育技术网络课程培训"，如 BSYL 老师所说：

> 说实话，我们一天到晚忙得很，那天 HYY 老师问我学多少分，我说60 分，她说她才 4 分，我问她怎么回事，她说没时间学。至于我，刚开始那天晚上我就学网络课程了，晚上吃完饭，孩子正玩着，我有时间学一会，但是还要哄孩子睡觉。学校里面，就 BSLZG 老师那台电脑能上网，前面一台电脑网络连接不稳定，有时候正学着，学到一半断网了，时间不到 10 分钟，又得重新开始学，我觉得这种培训方式效果不太好，培训的这些教师，有几个认认真真地在学习？好像不太多。

2. BSLS 老师

BSLS 老师今年 49 岁，1984 年参加工作。BSLS 老师认为，他打字指法规范，计算机水平在 B 小学数学教研组里排名第二，正如 BSLS 老师所说：

> 大言不惭地说，数学教研组老师里，除了 BSLZG 老师，我的计算机水平排在第二，装个操作系统，操作电子表格，我都会，Photoshop 软件还只有我会用。

BSLS 老师最早是自费参加计算机培训的，如 BSLS 老师所说：

> 完全是自学，原因是自己爱好。以前所在的学校到我离开的时候，才有了计算机，李嘉诚先生捐赠的一台，我出于兴趣向别的老师请教了一下，大体上看了看电源线、计算机显示屏和主机怎么连接。以前没见过计算机，有的老师开机都不会，我稍微好一点，只懂开机不懂关机，这是 2003 年的事。到了 B 小学后，听说以后评中级职称要通过计算机考试，所以我就在 B 县师范学校花了 360 块钱学了 Word、PPT 和 Excel，这三个模块我学得比较认真，第一次考试我就全过了。以后还是自己感兴趣，就老爱学。

BSLS 老师自己出钱参加培训的原因也包括 BSLS 老师得不到学校提供的培训机会，如 BSLS 老师所说：

> 派出参加培训的都是年轻老师，学校感觉我们已过 40 岁的教师参加培训受益不大。所以我就自己出钱参加计算机培训。

3. A5YJ 老师

A5YJ 老师今年 45 岁，1987 年参加工作。A5YJ 老师对自己的计算机操作水平的评价是：

> 基本操作水平一般，打字慢得很，一个指头点。

2002 年，A5YJ 老师参加了 A 县的教师信息技术培训，A5YJ 老师这样回忆那次培训：

> 几天时间讲了那么多内容，根本学不会，培训的时候主要是老师讲，练习时间很少，计算机摸一下两下，第二天就忘记了，真正学会还是在工作中。初次接触感到非常新鲜，老师讲了半天，我啥都听不懂，信息技术方面一点基础知识都没有，操作不到计算机上，窗口菜单根本找不到。

除了培训，A5YJ 老师在工作中也会学习计算机的使用，但是受到学校条件的限制，也就是 A5YJ 老师所说的：

> 计算机用得多了，怕给校长弄坏，弄坏了让赔，不敢动。校长管住了，害怕老师用，那时候校长认为计算机不能胡按，把它按坏怎么办。校长都是些老校长。再一个还得防盗。校长害怕用坏了、丢掉了，当时七八千元对学校来说就是天文数字。

2006 年，A5YJ 老师家中购置了计算机，A5YJ 老师也用家中的计算机完成学校安排的信息化工作。

4. A5ZJ 老师

A5ZJ 老师在 2012 年时 25 岁，2007 年大专毕业后参加工作。A5ZJ 老师计算机操作水平较差，打字用 3 ～ 4 个手指，在资料搜索、PPT 课件制作方面都较差。

A5ZJ 老师大学期间学习过信息技术课程，学习过 Word、Excel、PPT 操作等，但对计算机类课程不感兴趣。A5ZJ 老师说她在大学期间：

> 忙着学习了，对计算机接触很少。

A5ZJ 老师说自己没做过课件，如 A5ZJ 老师所说：

> 上一节公开课，两三天把上课思路备好，至于做课件，都是找别人做。

A5ZJ 老师说她不喜欢学习信息技术，如 A5ZJ 老师所说：

> 不喜欢学习计算机，我用的时候就找别人。计算机，今天学会，过几天我又忘记了，不操作就忘记了。

A5ZJ 老师有信息技术培训证书但没参加信息技术培训，原因是当时 A5ZJ 老师在外地没来得及参加培训。

综合而言，培训对于教师的信息技术操作能力提升发挥了起步作用，教师信息技术操作能力需要在信息技术使用实践中巩固和提高，教师在工作中学习信息技术包括自己摸索、向同事请教，以及观摩同事操作等。教师执教前学习信息技术为教师信息技术操作能力奠定了基础，但是需要在工作中巩固和提高。教师个人的计算机学习兴趣是影响教师信息技术操作能力提升的重要因素，教师在学校的信息技术应用条件直接决定教师的信息技术操作水平。

小结

基于本书的调查或可得出以下结论。

1）农村教师信息技术操作能力相对较差，或者说信息技术操作不熟练，能够熟练应用 Word、Excel、PPT 软件的教师并不多。

2）教师信息技术操作能力与学校提供的信息技术实践机会直接相关。信息化实践丰富的教师信息技术操作能力相对较高。

3）在职培训对教师掌握信息技术操作技能发挥了起步作用，但教师从在职培训学习到的操作技能需要在实践中巩固和提高。否则教师工作中常用的软件培训效果相对较好，教育中很少用的软件培训效果很难巩固。因此，教师信息技术培训应该注重实用性。

4）教师对计算机的兴趣直接影响教师的信息技术操作能力，对计算机兴趣高的教师信息技术操作能力相对较强。

第四节 教师对信息化教学的认识

教师对信息化教学的认识分为教师对信息化教学准备的认识、教师对信息化教学作用的认识、教师对信息化教学评价的认识三个方面。教师对信息化教学评价的认识也可以理解为教师对信息化教学有效性的认识。

一、对信息化教学准备的认识

受访教师认为，信息化教学准备起来很麻烦，所花时间比传统教学多，主要体现在课件准备耗时。如以下几位教师所说：

> 平常不用课件的话，进教室直接上课就行了。用课件的话，你稍微得占用一点儿休息时间去简单地做一些课件，即便是网上下载也得需要时间。
>
> —— A1H 老师

多媒体课件准备非常麻烦，对教师来说是一种负担。比如小学里的课文"曹冲称象"，要显示曹冲、显示象，还有称象的过程，准备课件麻烦得很。不准备课件的话，"曹冲称象"几句话就讲完了。上多媒体课你必须得准备 3 个小时。

—— AHLG 老师

做一个课件耗时得很，你得找很多资料，然后做成一个课件，还要看课件和教学目标相符不相符，这一系列过程需要花一定时间，我们根本没那么多时间。

—— A5YJ 老师

二、对信息化教学作用的认识

通过归纳教师的观点，大部分被访农村教师认为，信息化教学的作用包括激发学生学习兴趣、形象直观、突破教学重难点、方便快捷、课堂容量大等。被访农村教师认为，信息技术是一种教学手段或工具，在教学中发挥作用的途径很多。

（一）激发学生学习兴趣

教师认为，在信息化课堂上学生学习兴趣高，主要是因为多媒体能激发学生学习兴趣。

使用多媒体进行教学，学生的学习兴趣马上就提高了，多媒体课给予学生的不仅仅是老师个人的呈现方式，还有视觉、听觉，包括课本以外知识的连接，我觉得对于学生来说这是个扩大视野、提高学生兴趣的活动。

—— A5C 老师

吸引学生的注意力，提高学生对学习的兴趣，让学生热爱学习、喜欢学习，多媒体起到这个作用。

—— A5P 老师

（二）形象直观，突破教学重难点

教师认同多媒体具有直观、形象、生动的特点，有利于突破教学重难点。

比如说一年级数学里的三角形、圆之类的课，我通过自己做的多媒体课件让学生去认，特别直观。

—— A1H 老师

对重点难点知识的引导，只靠讲台上站着比划，不如放一个视频更容易理解。比如"飞夺泸定桥"，你讲得口干舌燥，学生并不能理解，但是如果把"飞夺泸定桥"的电影片段放上，学生看了以后自然而然就明白什么是"飞"、什么是"夺"、为什么是"飞夺"两个字。

—— A1ZJ 老师

（三）方便快捷、课堂容量大

方便快捷、课堂容量大是指多媒体相对传统教学手段更灵活高效，比如可以替代小黑板等。

多媒体作为教学辅助手段方便快捷，过去没有多媒体的时候，每一个教师，尤其数学、英语教师，上课前抄上两三个小黑板，上课的时候提到教室里。现在有了多媒体，比用小黑板省事多了。

—— A3Y 老师

便捷。比如说讲解练习题，我们传统做法是把题抄到黑板上讲，现在我们可以直接投到屏幕上讲。

—— A5YQY 老师

（四）其他作用

信息技术作为教学工具的应用是灵活的，如以下两位老师所说：

有的学生，你让他看书，他虽然手里拿着书，但不一定是看书，但投到多媒体上，学生就必须抬头看，老师就可以看到学生的注意力是否集中。

—— A2YJ 老师

电子白板上的色彩可以任意选择、自由搭配，比如说美术课上有些过渡色，花瓣上面，中间的、里面的、边上的，着色不一样，就可以用电子白板实现，学生看着感觉更好一些。

—— BSYL 老师

三、对信息化教学有效性的认识

从教师对信息化教学有效性的看法分析，教师判断信息化教学有效性的依据主要是课堂教学达成的效果。

什么样的一节课是好的多媒体课？这个要从多方面说，我觉得主要是学生学得好。使用多媒体之后，教学效果达成比较好，这就是一节好的多媒体课。

—— A1YY 老师

学生接受得好，课堂上的兴趣被调动起来，积极性高，学过的内容都理解了，我觉得这样的多媒体课就效果好。如果用了多媒体，但是课堂上学生死气沉沉，积极性没有调动起来，我觉得这样的多媒体课效果可能就不好。

—— AHYC 老师

多媒体课能把为教学服务发挥到极致的时候，它就是一堂好的多媒体课。

—— A5YQY 老师

一堂好的多媒体课，我觉得要具备以下几点：第一，老师上课准备要充分，课件要精美；第二，上课的时候要突出重点，突破难点；第三，课堂秩序井然有序、有条不紊。

—— A1L 老师

四、对如何上好多媒体课的理解

在访谈中，笔者设置了"如何上好多媒体课"的问题让教师回答，通过对教师的回答进行归纳发现，教师认为"上好多媒体课"的关键在于教学设计。

第一，要了解学生的知识水平；第二，深挖教材，明白重难点，清楚学生在什么地方会遇到难点。难点预设出来之后，设计教案和课件，以及怎样去呈现课件。

—— A1ZJ 老师

第一，多媒体课件制作要与教学目标相结合。第二，多媒体是为了让学生更好地学习，而不是为了多媒体而上课，好多老师出现这个问题，制作的课件字比较小，后面的学生看不清楚，课件背景颜色跟字体颜色不太协调，视觉效果不好，这样的多媒体就是为了多媒体而上课，不是为了提高教学效果而用多媒体。

—— A2ZJ 老师

先把整个课堂设计好，课堂环节设计好，要研究哪些内容需要课件展示，哪些内容不需要课件展示，不能把所有的内容都用课件展示一下就完了。只在突破重点难点、课外拓展的时候运用课件，或者在传统教学手段无法达成效果的时候用课件。所有内容都依赖于课件，我觉得效果反而比传统教学差。

—— A4HX 老师

小结

基于本书的调查或可得出以下结论。

1）农村教师认为信息技术仅仅是一种教学手段或工具。

2）农村教师判断信息化教学有效性的依据主要是课堂教学效果。从教学效益角度认识信息化教学作用的教师还很少。

3）农村教师对信息化教学的认识与教师自身的信息化教学能力相关。信息化教学能力强的教师认为，"多媒体真的能起到辅助教学的作用"；而信息化教学能力差的教师则认为，"多媒体就是个花架子，学生学的好与坏和多媒体完全没关系"。

4）培训在教师信息化教学认识方面有积极作用，但是教师的信息化教学认识主要与教师自身的信息化教学实践相关。

第五节 信息化教学的历史和现状

一、信息技术应用领域

农村教师信息技术应用体现在四个方面：第一是教师利用信息技术提升自身专业水平，第二是在教育管理中应用信息技术，第三是服务课堂教学，第四是在学生信息技术课教学中应用信息技术。

（一）教师专业发展

从对 A 学区和 B 学区教师的访谈和观察分析，一部分农村教师通过互联网学习专业知识和教学理念。A3G 校长认为，信息技术是教师获取知识的窗口。正如 A3G 校长所说：

> 如果把信息技术应用到课堂中，它只是个工具。但是如果应用于提升个人素质、了解外部世界，信息技术是一个有力助手，比如通过网络来学习，找取对个人成长有用的信息，给自己提供了一个非常便捷的途径。

笔者在 B 小学观察到 BSLD 老师在互联网上学习体育知识。A1YY 老师谈到通过网络交流教育思想说：

> 很多老师爱看我个人做的网易博客，通过这个博客我能够和全国各地的同行进行教育话题的交流，如教育思想、教育理念的交流。刚才我和你谈的我对教育的一些理解，有好多是我通过博客和一些博友交流所认识到的，有一位博友叫"享受教育"。我觉得这就是一种境界，是老师的一个追求。

（二）学校教育管理

教师在教育管理中应用信息技术主要是完成学校和上级部门安排的任务。比如 A 小学寄宿制学生生活补助登记、B 小学学生营养餐登记等。从 A 小学教师和学校领导的看法分析，A 小学教育管理中认可度比较高的是校讯通，如A3G 校长所说：

> 现在都提倡电子政务，我们学校里边也叫电子政务，它可以缩短管理

环节，节省时间。比如过去没有校讯通，学校需要大家集体做一项工作的时候，得召集会议，从下通知到大家都在会议室坐齐，再到把工作布置完，需要很多时间。现在用了校讯通很方便，我只需要通过校讯通，几秒钟这个指令就下达到教师手里了，节省了我们的时间。

（三）信息化教学

农村教师在教学中应用信息技术包括在公开课等活动中及日常教学中应用信息技术。受条件限制，教学中主要是教师应用信息技术，学生还没有条件在教学中使用信息技术。A3Y 老师在 A 中学时期在计算机网络教室上过一节网络环境下的公开课。

（四）信息技术课教学

A 小学和 B 小学都开设信息技术课，A 小学从三年级到六年级开设信息技术课，每个班一周一节，B 小学从四年级到六年级开设信息技术课，每个班一周一节。A 小学的信息技术教师有电教主任、政教主任、学区会计和 A4HX 老师，除了电教主任，其他信息技术教师都是兼职，但电教主任由于工作繁忙常耽误信息技术课教学。B 小学信息技术教师有 BSLZG、BSYL、BSWH 老师，由于 B 小学计算机教室没有取暖设备，冬天只有在天气暖和的时候才上信息技术课。

二、信息化教学的历史和现状

信息技术应用主要体现在教学中，这里将信息化教学作为讨论重点。为了讨论的连贯性，这里将传统电化教学也纳入讨论。考虑到学校信息化教学具有差异性，这里将各个学校的信息化教学单独讨论。由于多数教师的信息化教学经历发生在 A 学区和 B 学区，这里重点阐述 A 学区和 B 学区的信息化教学情况。

（一）A 学区和 B 学区的传统电化教学

1. A 学区的传统电化教学

A 学区的电化教学始于 20 世纪 80 年代，当时的电教设备主要是幻灯机。

20 世纪 90 年代 A 县推广"两机一幕"，投影仪由学校自行购买，投影片由教育局统一配发，教育局对学校购置投影仪给予资金奖励。2000 年之后，A 学区实现了投影仪班班通。传统电教设备主要在公开课中应用，少数教师也在日常教学中应用投影仪。

2. B 学区的传统电化教学

B 县的传统电化教学在 20 世纪 80 年代出现，但是 B 县的电化教学发展缓慢，正如 L 馆长所说：

> 等我们准备推广光学投影仪的时候，计算机已经下来了，幻灯投影我没印象，幻灯投影仪大量配备是在普九的时候，但是也没配备多少。

20 世纪 90 年代 B 县农村学校只有个别学校有光学投影仪等电教设备，在教学中除了公开课基本不用电教设备。

A 学区和 B 学区传统电化教学发展差异与 A 县和 B 县的经济发展、学校公用经费制度及地方教育局推动有关。A 学区 20 世纪 90 年代有学生勤工俭学政策，学校有经费购置电教设备。A 县电教馆也积极推广电化教学，要求学校购置投影仪并统一配发投影片，并提供经费支持。B 学区 20 世纪 90 年代没有勤工俭学政策，学校公用经费很紧张。B 县农村学校的电教设备主要靠教育局直接配发。

（二）A 学区 HZ 等小学的信息化教学

A 学区 HZ 等小学的信息化教学是和"农远工程"同步进行的，HM 小学的信息化教学是和新课程改革同步进行的。

A 学区的配备"农远工程"模式二的学校都建有一个多媒体教室和一个光盘播放室，教师需要到多媒体教室和光盘播放室上多媒体课。没有配备"农远工程"模式二的学校则自建多媒体教室，教师上多媒体课也是去多媒体教室。HX 小学除了"农远工程"模式二的多媒体教室，学校还为三个班级建成"班班通"，教师在本班教室就可以上多媒体课。

"农远工程"实施后，地方教育局对应用"农远工程"有明确要求，并采用目标管理责任书制度将使用情况纳入教师和学校的年终考核，要求每位教师每周上两节多媒体课，考核方式是教师填写多媒体授课记录表。教育局定期到学校抽查教师多媒体授课情况。在实际操作中，每位教师每个星期上1～2节多媒体课，信息技术能力差的教师多媒体课用光盘和实物投影仪，信息技术能力强的教师用PPT课件。A学区教师一般是每个星期在多媒体教室上一节主科，在光盘播放室上一节副科。

一些教师多媒体授课次数超过教育局的要求，也有一些教师多媒体授课次数达不到教育局要求。一般而言，年轻教师多媒体授课次数多，老年教师多媒体授课次数少；教育局检查多的学校多媒体授课次数多，教育局检查少的学校多媒体授课次数少；信息化条件好的学校多媒体授课次数多，信息化条件差的学校多媒体授课次数少；校长重视的学校多媒体授课次数多，校长不重视的学校多媒体授课次数少；信息化教学能力强的教师多媒体授课次数多，信息化教学能力差的教师多媒体授课次数少；一些教师在"农远工程"刚实施的时候比"农远工程"后期多媒体授课次数多。不管教师多媒体授课次数多与少，教师都会按要求填写多媒体授课记录单，也就是说教师填写的授课记录单有可能是假的，但是只要填写了多媒体授课记录，多媒体教学考核任务就算完成。

除了教育局要求上多媒体课，也有教师主动上多媒体课，如A5C老师所说："那时候普通教室没有多媒体设备，多媒体课都在多媒体教室上，老师们也都争着抢着用多媒体教室了。"除了日常教学中用多媒体，公开课活动一般要求用多媒体授课。

（三）A 中学的信息化教学

A中学有16个班级，40多位教师，学校只有1个多媒体教室。A中学时期学校领导提倡上多媒体课，但并不强制要求教师上多媒体课。在A中学时期，有的教师多媒体课上得多，有的教师很少上多媒体课。但是公开课活动一般都要求用多媒体授课。

AHYD老师在A中学时期多媒体课是这样的：

> 做课件就用多媒体了，我那会上地理课想用还得排队。我上地理课用得比较多，讲春风、秋风的时候用课件讲，学生容易接受，但是就是排不上多媒体课。

对于上多媒体课的原因，AHYD老师说：

随着学生求知欲的增加，用现代化手段教学效果确实好。比如我刚才讲的春分、秋分、冬至、夏至，课件在多媒体上放出来，太阳光直射了或斜射了，到底有几种自然现象，学生都能看清楚。

A 中学时期也组织过网络环境下的公开课活动，比如 A3Y 老师说：

关于提倡计算机教室上其他课，我们也上过，我曾经上过初三的语文课。在网络环境下把任务布置给学生，让他们从网上查找相关资料，如作者介绍等背景资料都可以从网上找到。当时是公开课，我们平行班的几位老师每人上了一节。

对于教学效果，A3Y 老师认为：

就上过两节多媒体课，效果不是太好。学生到了计算机网络教室，老师从教师机上控制学生机，就由不得学生探索了。或者放开让学生自己查资料，学生查资料有的快有的慢，有的干脆不会，有的玩去了，他们不一定按你的要求做，反正有些乱。

（四）A 小学的信息化教学

A 小学成立之后只有一个多媒体教室，多媒体教室有多媒体授课表：星期一是一年级和六年级使用，星期二是二年级使用，星期三是三年级使用，星期四是四年级使用，星期五是五年级使用。

A 小学按照"农远工程"模式二授课要求，每位教师每周上两节多媒体课，但是受限于多媒体教室少很难执行下去，所以教师填写的多媒体授课记录基本是假的。A 小学教师一般是结合自己的实际情况决定是否去多媒体教室授课。

A 小学公开课要求教师要用多媒体授课，2012 年公开课安排是每位教师每个学期至少到电子白板教室上一节公开课。除了学校固定的公开课，A 小学还有竞赛课等其他类型公开课，比如 A 小学举办 XX 会议，会议当天所有教师都是用多媒体授课。

A 小学普通教室配备有电视，一些教师也用自己的笔记本电脑在普通教室上多媒体课。A 小学有 5 位教师在普通教室上过多媒体课，比如 A1C 老师说：

在普通教室上多媒体课我觉得很方便，我们家三台电脑，一台我爱人用，一台我自己家里用，一台旧笔记本电脑我拿到教室里连到电视上用。

我想用时就用，我早晨想用我就用，下午复习的时候想用就用。比如我从家里下载一些语文相关的视频让学生看，平时有些课件也可以用，我觉得我复习的时候用得多。

（五）B 小学的信息化教学

2002—2008 年，B 小学只有一个多媒体教室。2008 年之后 B 小学建立了多功能厅。2008—2011 年，学校有两个多媒体教室。B 小学的多媒体教室也有排课表，教师可以按照排课表上课，也可以跟其他教师协调。B 小学的教师对于教育局是否要求上多媒体课没有统一说法，一些教师认为教育局对多媒体授课有规定，一些教师认为教育局没有要求，B 县电教馆 L 馆长谈到"农远工程"要求多媒体教室每天至少上 4 节课，并有记录。B 小学负责填报"农远工程"授课记录的会计认为：

> 这几年"李嘉诚项目"检查少了。以前检查多，检查多媒体课要看教师的使用记录，看计算机上资源的接收情况，看教师怎么使用，这几年宽带普及以后，"李嘉诚项目"基本上就没检查了。

—— B 小学会计

2012 年农村薄弱校改造项目为 B 小学五个班级安装了五套电子白板，加上学校多媒体厅，B 小学共有 6 个多媒体教室，学校规定没有电子白板的班级可以去多媒体厅上多媒体课，也可以和有电子白板的班级换教室上多媒体课。本班有电子白板的班级，教师多媒体授课情况也不一样，有的教师多媒体授课多有的教师少，比如 BYD 老师说："去年一学期的课几乎都是用课件上。"而 BSWE 老师则没有用过课件。2012 年 10 月 16 日到 11 月 8 日电子白板教室多媒体授课如下（表3-1）。B 小学公开课活动也要求用多媒体。

表 3-1　B 小学电子白板教室多媒体授课情况（2012 年 10 月 16 日至 11 月 8 日）

日期 \ 班级	四（1）	五（1）	五（2）	六（1）	六（2）
10 月 16 日星期二	语文 1 节	语文、数学、科学各 1 节	语文 1 节、数学 1 节	未用	未用
10 月 17 日星期三	语文 1 节	语文 1 节、数学 1 节	语文 2 节、数学 1 节、科学 1 节	未用	未用
10 月 18 日星期四	语文 1 节、数学 1 节	语文 1 节、数学 1 节	语文 1 节、数学 1 节、科学 1 节	未用	语文 1 节

续表

日期 \ 班级	四（1）	五（1）	五（2）	六（1）	六（2）
10 月 22 日星期一	未用	语文 1 节、数学 1 节	语文 1 节、数学 1 节、科学 1 节	数学 1 节	语文 1 节、数学 1 节
10 月 23 日星期二	语文 1 节	语文 1 节、数学 1 节	语文 2 节、数学 1 节	数学 1 节	语文 1 节、数学 1 节
10 月 24 日星期三	语文 1 节	未用	音乐 1 节	数学 1 节	语文 2 节
10 月 25 日星期四	语文 1 节	语文 1 节、数学 1 节	数学 1 节（抄题）	未用	语文 2 节
10 月 29 日星期一	未用	数学 1 节	数学 1 节	语文 2 节（抄题）	语文 3 节（抄题）
10 月 30 日星期二	未用	未用	未用	未用	语文 2 节（抄题）
10 月 31 日星期三	未用	美术 1 节	未用	语文 2 节	语文 2 节
10 月 1 日星期四	期中考试				
11 月 5 日星期一	语文 1 节（新课）	语文 1 节（新课）	科学 1 节（新课）、语文 1 节	语文 1 节（新课）、音乐 1 节	语文老师请假，未用
11 月 6 日星期二	语文 1 节	语文 1 节、科学 1 节	语文 1 节	语文 2 节（抄题）	音乐 1 节、语文 1 节（复习）
11 月 7 日星期三	未用	语文 1 节	语文 2 节、科学 1 节	语文 2 节（抄题）	语文 1 节（复习）、音乐 1 节
11 月 8 日星期四	语文 1 节	语文 1 节	语文 2 节	语文 2 节、数学 1 节	数学 1 节

（六）B 中学的信息化教学

B 中学只有一个多媒体教室，教育局对多媒体教学有要求，如 BSWD 说：

> 中学的时候大多数也是为了应付检查，教育局来人看一下教师是否用多媒体授课，教师一点儿都不会用多媒体肯定不行。

受客观条件限制，B 中学时期教师上多媒体课机会较少，如 BSLS 老师所说：

> 中学的条件不如这里，虽然说是中学，但是 B 县准备撤的一所学校，是县里最差的一所中学。多媒体教室只有一个，上多媒体课要提前预约。一般年轻老师预约，上了年龄的，课程不怎么重要的就预约不上，就一个多媒体教室，18 个班 50 来位老师，用不了几次。

B 中学时期的公开课活动也要求用多媒体授课。

小结

基于本书调查或可得出以下结论。

1）21 世纪以来农村中小学日常教学中的信息化教学频率高于 20 世纪 90 年代中小学日常教学中电化教学频率。

2）农村教师应用信息技术的领域包括多媒体教学、教育管理、教师专业发展及信息技术课，主要领域是多媒体教学。

3）上级教育部门对信息化教学的管理和监督直接驱动教师在教学中应用信息技术。

4）农村教师的信息化教学相对简单，主要是 PPT 课件在教学中的演示，PPT 课件主要由文字和图片组成。

5）随着新课程改革推进，农村教师积极组织学生在教学中应用信息技术，但受限于信息化条件，学生应用信息技术的机会很少。

6）信息化教学受到多方面因素的影响，既受学校硬件设备条件等客观因素影响，也受教师个人信息技术能力及教学理念影响。

第四章

影响农村教师信息技术有效应用的因素及作用机制模型

本章首先整体说明信息技术应用影响因素及作用机制模型的建构过程，然后再具体论述各个影响因素的提出过程、具体内容、作用机制，以及影响因素间的作用机制。

第一节　影响因素及作用机制模型建构过程

一、建构理论的资料

（一）信息技术应用主体的资料

信息技术应用的主体是教师和学生，所以提出影响因素依据的资料应该主要是教师和学生的资料。由于学校领导也担任教学工作或者曾经担任过教学工作，这里的教师也包括学校领导。

1. 教师的资料

教师的资料包括 A 学区和 B 学区共 70 多位教师的资料，涉及深度访谈、课堂观察、日常工作观察、课件和教学设计方案等。其中，绝大多数教师的资料包括访谈、日常观察、课件和教学设计方案，20 多位教师的资料还包括课堂观察等。教师资料中最主要的是教师的访谈文本，计 77 万字。笔者在调研期间始终和教师工作和生活在一起，对学校信息化的直观体会和感受也是重要的资源。除了 A 学区和 B 学区教师的资料，笔者在 B 小学也承担多个班的教学工作，在日常教学中也经常应用课件，笔者自己教学活动的资料也属于教师资料。

2. 学生的资料

学生的资料包括 30 多位学生的访谈、180 多位学生填写的开放问卷，以及对学生的观察，其中学生访谈文本共 8 万字。考虑到学生的认知水平，学生的访谈和开放问卷数据针对的是高年级学生，低年级学生数据以观察为主。笔者在 A 小学和 B 小学担任过信息技术课教学任务，在 A 小学担任六（1）班副班主任工作，在 B 小学担任多个班的教学工作，在工作中笔者有大量的机会观察学生的信息素养和学习活动。

（二）学校的资料

学校的资料包括从教师和学生收集的关于学校的资料，共计 20 多所学校。这里的学校主要指 A 学区的 13 所学校和 B 学区的 B 小学、B 中学。学校的资料还有学校管理层的访谈、实物收集资料、观察资料等。学校领导层的访谈包括对学区主任、学区督导、学区会计、校长、副校长、教导主任、副教导主任、电教主任、总务主任、学校会计、政教主任、校办主任、教研室主任、年级组主任等的访谈。实物收集数据包括学校的信息化报表、学校历史现状介绍、学校师生情况介绍、学校信息化规划文件等。观察数据主要是学校基础设施、信息化硬件设备、信息化教学资源等。笔者在 A 小学信息中心担任具体工作，A 小学计算机教室更新、电子阅览室建设、班班通建设、学校网络建设等，笔者都具体参与，观察数据也包括信息化建设过程的数据。此外，笔者还从电教馆获取了 A 学区和 B 学区各个学校的数据。

（三）学校层面以上的资料

从乡镇角度讲，农村学校属于乡镇系统的子系统；从教育系统的角度讲，农村学校属于县、市、省、全国教育系统的子系统；从社会角度讲，农村学校属于社会系统的子系统；从国家的角度讲，农村学校属于国家系统的子系统。

学校层面以上的资料除了从教师、学校领导等途径收集的资料，还包括从电教馆、学生家长及教育部门网站等途径收集的资料。电教馆的资料有对 3 位电教馆长共计 6 万字的访谈文本、当地教育信息化基本数据统计表、当地教育技术发展规划等。学生家长数据包括对 7 位学生家长访谈、200 多位学生家长填写的开放问卷。其他数据包括近些年农村教育信息化政策文件、教育事业公用经费政策文件，以及笔者在当地日常生活中的所见所闻。

二、建构方法及过程

数据的分析遵循比较和归纳的思路，借鉴扎根理论方法对所有数据进行分析，在资料编码基础上完成研究成果。研究过程中也通过案例分析、历史分析等方法完善研究成果。

（一）扎根理论方法

本书的资料分析参考扎根理论方法，从资料中逐级归纳，利用 NVivo11 软件辅助编码。NVivo11 软件导出的代码如下（表 4-1）。教师使用信息技术授课主要有三种情况：一些教师主动使用多媒体授课，一些教师按制度规定被动使用多媒体，老年教师等很少使用多媒体。从 NVivo11 编码结果看，主动使用多媒体的教师占多数，提及次数最多。教师信息技术应用微观影响因素包括教师的教学理念和信息化教学能力、学生对信息技术教育应用的影响、教师可利用时间、教学内容对信息技术使用的影响，其中，教师的教学理念和信息化教学能力节点材料来源数和参考点数最多。教师信息技术应用中观影响因素包括校长信息化领导力、学校公用经费的信息化投入、信息化设备以及信息化人才对信息技术应用的影响等，校长信息化领导力节点材料来源数和参考点数最多。教师信息技术应用宏观影响因素包括教育政策、上级教育部门、地方经济发展和政府信息化投入，上级教育部门节点的材料来源数和参考点数最多。

表 4-1　NVivo11 软件导出的代码表

代码	材料来源	参考点
教师使用多媒体授课的情况	43	87
主动使用多媒体	23	38
按制度规定被动使用多媒体	17	22
老年教师很少使用多媒体	6	7
微观影响因素	77	530
教师的教学理念和信息化教学能力	56	147
学生对信息技术应用的影响	29	42
教师的可利用时间	22	37
教学内容对信息技术使用的影响	22	28
中观影响因素	65	314
校长信息化领导力	47	129
学校公用经费的信息化投入	33	65
信息化设备对信息技术应用的影响	32	68
信息化人才对信息技术应用的影响	17	28
宏观影响因素	30	62
上级教育部门对信息技术应用的影响	27	54
教育政策对学校信息化的影响	6	8
政府的信息化投入	5	6
地方经济发展	3	4

（二）案例分析

案例分析是对典型案例和极端案例进行分析，归纳教师信息技术应用影响因素。在案例法使用中，本书采用案例比较归纳研究结论，也通过寻找反面案例证伪研究结论。

以 A 小学多媒体课为例，笔者观察发现 A 小学教师在两个多月时间内很少去多媒体教室上课，而教师却说没有机会去多媒体教室上课。该案例其实说明设备获取不方便导致教师主观放弃使用多媒体。再结合 B 小学多媒体厅和电子白板教室使用案例，可以证实该研究结论。

以 AHYC 老师为例，AHYC 老师年龄比较大，但是经常采用多媒体授课，结合 A5ZF、A2W 等教师对多媒体教学作用的认识，可以得出教师教学理念、教师信息技术操作和应用能力共同影响教师多媒体教学。

（三）历史分析

历史分析是分析教师、学校、地方信息化发展历史，比较不同历史时期信息技术应用差异，从而归纳影响信息技术应用的因素。

以 A1H 老师为例，A1H 老师在 B 学区多媒体授课多，到了 A 小学多媒体授课变少，原因是 A 小学信息化条件差。再结合 A1Y、A2ZJ 老师由于信息化设备差异导致多媒体教学积极性不同，可以得出信息化硬件影响教师多媒体教学积极性。

以 A 学校信息化建设历史为例，A 学校 2000 年建成计算机教室，但是 2012 年，A 学校却没有能力更新计算机教室设施，原因是教育事业经费政策调整削弱了校长信息化经费筹措渠道，导致 A 学校没有经费投入计算机教室设施更新。

三、建构结果

（一）影响因素归纳

经过对收集的数据进行归纳，可以得出影响教师信息技术应用的影响因素包括教师教学理念、教师可利用时间、教师信息技术操作能力、教师信息技术教学应用能力、教师年龄、学生认知规律、学生信息素养、教学内容、学校硬件设备、学校公用经费、校长信息化认识、校长信息化行动能力、学校信息化管理制度、教育信息化政策、新课程改革、教育事业经费政策、上级教育部门管理、上级教育部门监督、上级教育部门指导、政府信息化投入、地方经济发展水平等。

对影响因素进行分类可以发现，影响因素分布在三个层面，分别是课堂层面、学校层面及学校以上层面，课堂层面称为微观层面，学校层面称为中观层面，学校以上层面称为宏观层面。微观层面的影响因素包括教师教学理念、教师可利用的时间、教师信息技术操作能力、教师信息技术应用能力、学生认知规律、学生信息素养、教学内容等。为便于讨论，教师信息技术操作能力和信息技术教学应用能力合称为教师信息化教学能力，学生认知规律和信息素养都属于学生因素。中观层面的影响因素包括学校硬件设备、学校公用经费、校长信息化认识、校长信息化行动能力、学校信息化管理制度等。为便于讨论，校长信息化认识和行动能力统称为校长信息化领导力。宏观层面的影响因素包括新课程改革、教育信息化政策、教育公用经费政策、上级教育部门管理、上级教育部门监督、上级教育部门指导、政府信息化投入、地方经济发展水平等。为便于讨论，将新课程改革、教育信息化政策、教育公用经费政策统称为教育政策，将上级教育部门监督、管理和指导统称为上级教育部门的信息化推动工作。

（二）影响因素综合作用机制

中观层面因素影响微观层面因素，宏观层面因素影响中观和微观层面因素，各个层面内的因素之间也相互影响。比如教育政策影响校长信息化领导力和教师教学理念，上级教育部门信息化推动工作影响校长信息化领导力和教师信息化教学能力，教师可利用时间影响教师信息技术操作能力和应用能力，学校硬件设备影响教师信息技术操作能力和应用能力等。

第二节　微观层面影响因素及作用机制模型

一、教师教学理念

（一）教学理念因素的初次接触

进入 A 学区，笔者通过访谈、观察、实物收集及亲身体验等多种途径收集资料并做分析。研究活动进行一个月之后，笔者通过与教师的日常交流发现，教师身上有一种无形的品质影响着教师是否积极使用信息技术，这种品质源于教师内心深处。随着研究的不断深入，笔者的这种感觉越发强烈，但是笔者始终无法获知是什么品质影响着教师是否积极使用信息技术。

随着研究深入，一个概念进入笔者视线，这个概念就是观念。有教师认为，观念是影响教师是否积极使用信息技术的重要因素。在后续研究中，笔者加强了相关数据收集，通过分析，笔者发现所有教师都肯定多媒体教学的积极效果，比如直观、形象、课堂容量大等。通过分析教师所讲的观念，笔者发现，影响教师使用信息技术的其实并不是观念。

（二）观念的证伪

这里列出四位教师所理解的观念，"观念是指有些老师没有感受到使用多媒体给课堂带来的活力和魅力"，"排斥新事物，老师没有领会到使用计算机的好处，停留在原处"，"有些老师思想上对信息技术不接受，使用多媒体太麻烦，要提前下载课件，还要修改，不如自己直接讲方便"，"有些教师习惯了传统教学方式，认为多媒体是多余的，再加上他不会操作计算机，使用计算机的时候不像平时讲课那样熟练"。从这四位教师理解的观念可以看出，教师的信息化教学体会是负面的，教师感受不到信息化教学的优越性，他们感受到的是信息化教学太麻烦。其实，这里的观念代表的是教师的信息化教学能力，也就是教师信息技术操作能力差导致教师的信息化教学感受是负面的，对信息化教学优势体会不深刻。

这里以 A6YHH 老师所讲的观念举例，A6YHH 老师认为，多媒体教学形象直观，但是也认为：

老师心里有个观念，上多媒体课娃娃们是在看热闹。

A6YHH 的观念"娃娃们看热闹"的背后反映的其实是教师信息化教学能力较差。A6YHH 老师所说的"娃娃们看热闹"也就是 A3LN 老师所说的：

多媒体花花绿绿的，吸引了学生的注意力，学生关注了图片，却忽视了文本，反而影响了学习效果。

A3LN 老师进一步说明：

要想让学生学到知识，靠图片的简单呈现，有时候不但起不到推进作用反而可能影响教学。我觉得可以用多媒体，但是用的时候要选好时机，要注意使用方法。如果不注意方法，多媒体确实会误导学生学习。

从 A3LN 老师的话可以得出，影响信息技术使用效果的是教师的信息化教学能力，而不是教师的观念"娃娃们看热闹"。真正影响教师使用信息技术的是教师的教学理念，如 A1L 老师所说：

如果老师的观念是填鸭式教学，他就觉得使用多媒体没有太大意义，学生把书读会，生字写会，课文背会就可以了。如果老师以新课改理念上课的话，他就能以学生为中心了，就想方设法地调动学生各方面的积极因素去学习。

这里的"想方设法"就包括积极使用多媒体手段。

（三）教学理念因素的证实

随着研究样本不断增多，笔者发现教学理念会影响教师是否使用信息技术。"注重激发学生学习主动性和积极性"的教师信息技术使用相对较多，"注重学生学习体验和知识发现"的教师信息技术使用相对较多。

以 A1H 教师为例，A1H 喜欢上多媒体课的原因之一是 A1H 老师注重学生学习体验，A1H 老师说：

使用多媒体授课时，学生学习积极性高一些，讲课的时候不需要老师空洞地去讲。比如说"春天来了"一课，播放一首关于春天的歌曲导入课文，展示一些有关春天的图片，让学生通过想象和直观的欣赏感受春天，他们对春天的印象更生动一点。

从 A1H 老师的信息技术使用可以看出，课件让学生更生动地感受到春天，课件使用带给学生积极的学习体验。

以 A3L 教师为例，A3L 说她喜欢多媒体教学的原因之一是多媒体激发学生的学习兴趣、帮助学生建构知识，A3L 老师说：

作为年轻老师，我喜欢用多媒体，有了多媒体，我讲得少了，但是学生理解得深刻了，当学生看多媒体的时候，学生自己思考。比如"美丽的大兴安岭"一课，我上网收集一些有关大兴安岭的照片，呈现大兴安岭春天、夏天、秋天、冬天的景色，让学生直观地感受到大兴安岭的美，一下就提高了学生学习课文的兴趣。

从"引发学生思考"和"提高学生学习课文的兴趣"的表述可以看出，多媒体起到激发学生学习主动性和帮助学生建构知识的作用。

总之，如果教师的教学理念"以学生为中心"，注重学生学习的主动性和积极性，那么，教师的信息技术使用态度相对积极，正如 A1L 老师所说：

> 我上多媒体课并不是为了应付领导检查，我用多媒体进行教学是我教学理念的需要，我的教学理念就是新课程理念，放开让学生去学、去做，以学生为中心。

教学理念对教师信息技术使用的影响本质上是"以学生为中心"的教学理念导致教师对信息技术手段需求增大。如果教师的教学理念是"以学生为中心"，教师就更注重激发学生学习主动性和积极性、引导学生主动建构知识。多媒体手段在营造积极的学习体验、激发学生学习兴趣、帮助学生建构知识等方面比传统手段更具优势，所以教师在需求推动下更愿意主动探索信息化教学手段，更愿意在教学中使用信息技术。

二、教师可利用时间

教师在访谈中都谈到工作忙，没有足够时间上多媒体课。

> 我们还是挺喜欢用多媒体的，关键是太忙了，要是闲下来只上课的话，肯定都抢着去用计算机，现在好多杂事冲淡了教学。

> —— A5C 老师

> 以前，自己学习软件，现在连用软件的时间都没有了。

> —— AHZR 老师

（一）农村教师工作忙

A 学区和 B 学区的教师都认为自己工作忙，尤其是 A 小学和 B 小学的老师，A 学区的 HZ 等小学相对 A 小学工作环境宽松一些。HZ 等小学教师工作忙是由于教学任务繁重，每位教师每周 22 节课。

A 小学和 B 小学教师工作忙多是出于教学无关的工作，也就是教师所说的应对检查等，正如 BYD 老师说：

> 这个笔记那个笔记，你说抄笔记有什么意义？笔记抄了一摞又一摞，笔记的内容是社会管理什么的，跟我们的教学工作没什么直接关系。

从校长的视角看，学校工作之所以忙，很大一部分原因是文山会海对教学工作的干扰。A5YQY 校长说：

　　文山会海肯定对教学有干扰，来个文件，全文传达得半天时间，我们工作中最头疼的就是文山会海。有些学校一周两场教师会议，教育局有通知马上召集教师开会。本来我正好干一件事情，刚干一半，学校召集开会，工作就得放一边，开完会，工作又得从头干起，导致工作效率低。

学校所有文件的执行都由教师完成，文山会海自然导致教师工作忙。

（二）信息化教学准备耗费时间多

多媒体教学相对传统教学需要收集资料、制作课件等，从而造成教学准备时间比传统教学长，如以下两位教师所说：

　　教师要上好一节多媒体课，课前要做大量工作，收集资料、熟悉课件、熟悉课文，这需要老师花费大量时间去准备。

—— A5C 老师

　　比如小学里的课文"曹冲称象"，显示曹冲，显示象，还有称象过程，准备课件麻烦得很，不准备课件的话，几句话就讲完了。

—— AHLG 老师

笔者在 B 小学担任五年级科学课教学工作，一节新授课大约需要花费 3 个小时查阅资料、准备课件。

教师多媒体教学准备花费的时间多少和学校信息化基础设施条件，以及教师个人信息技术能力有很大关系。如果学校硬件设备和网络条件较好，教师多媒体课准备时间相对较少。如果教师个人信息技术能力较强，教师多媒体课准备时间较少。A 小学信息中心的计算机扫描一张相片花费 1.5 个小时，使用这样的设备制作课件花费的时间不可能少。在笔者调研期间，B 小学的学校网络一直是断断续续的，笔者下载视频常常一整天都下载不了。A2ZY 老师说：

　　刚开始做课件的时候，操作不是很熟悉，有时候做完一个课件就到晚上一两点了。

（三）可利用时间对信息化教学的影响

1.影响信息化教学准备时间（直接影响）

教师要上好一节课，需要做充足的课前准备，包括了解学生的知识水平和分析教材。时间因素对教师多媒体教学的影响就是对教师课前准备的影响，由于没有充足的时间进行教学准备，教师连传统教学的课前准备都完不成，更谈不上查阅资料、准备课件、设计多媒体教学策略等。时间因素影响了教师上多媒体课的可行性。

理论上，教师可以利用下班时间完成多媒体教学准备工作，但是休息时间能否被利用与教师的个人意愿、家中是否有计算机、个人家庭负担等有很大关系。有些教师除了公开课等活动不愿意在家中从事教学相关工作，有些教师家中并没有计算机，有些教师家庭负担过重没有精力在家中从事教学相关工作。A 学区 AHYC 教师在 HX 小学期间（2005—2008 年）几乎每节新授课都用多媒体，AHYC 老师的课前准备是在下班后完成的，正如 AHYC 老师所说：

> 为一堂多媒体课制作课件，从图片搜索、下载，到幻灯片制作，我觉得要两个多小时，晚上就趴到计算机上。制作那么长时间，自己也就有兴趣，就去做了。

2. 影响教师信息化教学能力（间接影响）

时间因素通过影响教师信息技术能力和信息化教学能力发展间接地影响教师信息技术使用的有效性。由于工作忙，教师很少有时间学习课件制作和探索多媒体教学策略，学校也没有时间为教师提供信息技术培训，正如 A6B 教师所说：

> 电教主任想搞培训，老师没有时间参加培训，所以拍点照片做做样子就结束了。时间重要不重要？非常重要！

三、教师的信息化教学能力

教师在教学中利用信息技术需要具备两方面的能力，第一个能力是教师在课件制作、课堂教学等活动中操作硬件和软件的能力，第二个能力是教师在教学中利用信息技术提供的多媒体等信息服务教学的能力。本书将第一个能力称为信息技术操作能力，将第二个能力称为信息技术应用能力，教师只有具备一定的信息技术操作能力才能应用信息技术，因此信息技术应用能力暗含了信息技术操作能力。笔者把信息技术操作能力和信息技术应用能力统称为信息化教学能力，考虑到信息技术操作能力和信息技术应用能力对信息技术应用的影响方式不同，这里将二者分开讨论。

（一）信息技术操作能力

信息技术操作能力也就是教师会不会操作信息化教学设备和软件，会不会修改、制作课件，会不会下载教学资源等。

信息技术操作能力是教师使用信息技术的先决条件，教师不会操作信息化设备和软件，就谈不上将信息技术用于教学。BSLD 等老师认为，即使为他们提供 PPT 课件，他们也不会在教学中使用课件：

> 使用课件还要灵活，要按教学需要对课件进行相应的操作，该用的时候用，不该用的时候就不用，要灵活。我们不能灵活操作，我们老教师用计算机上课很少，有的老师好像每天在用计算机，其实就是玩玩游戏，计算机的正规操作根本操作不了。

教师信息技术操作能力直接影响到信息化教学效果。如果教师的信息技术操作能力较强，教师就能够按照自己的教学思路制作课件；如果教师的信息技术操作能力较差，就容易出现教师按照别人的课件设计教学流程，也就是 BSLS 老师说的"上课不是课件跟着老师走，是老师跟着课件走"。另外，教师只有掌握视频、音频和动画编辑技术，才能更好地在教学中使用视频、动画等教学资源。

信息技术操作熟练程度影响教师制作课件、操作设备等方面投入时间和精力的多少，也体现了与传统教学手段的比较优势，进而影响到教师信息技术应用积极性。A5YJ 教师正是因为计算机操作不熟练，所以很少在教学中使用课件。

（二）信息技术应用能力

信息技术应用能力集中体现为多媒体等信息技术在教学中的使用策略，也就是说教师是否掌握多媒体教学策略。信息技术应用能力包括课前准备阶段对多媒体应用策略的设计能力，以及课堂中对多媒体的驾驭能力。教师的信息技术应用能力是教师长期信息化教学经验积累的结果，正如 A1ZJ 老师所说：

> 大家都在不断摸索，并不是谁一下子就有一个特别好的方法。能够把多媒体课上好，这是一个摸索、积累的过程。

信息技术应用能力的高低直接影响到课堂教学中信息技术应用是否成功，直接影响到信息化教学的效果、效率和效益。信息技术应用能力高的教师能将多媒体手段很好地服务于自己的课堂教学，用得得心应手；而信息技术应用能力差的教师由于使用方法不当，感觉多媒体教学效果不好。

信息技术应用能力影响教师多媒体教学的积极性，也就是说教师由于不能掌握多媒体恰当的使用方法而放弃使用多媒体教学，正如 A2ZY 教师所说：

> 有些老师把握不住什么时候该用多媒体，什么时候不该用，即使是经验丰富的骨干教师，也不知道怎么准确地使用多媒体手段。究竟这节课用多媒体好，还是不用好？有时候，有些老师反而觉得多媒体用起来既碍手又不能提高效率。

教师的信息技术操作能力和信息技术应用能力在信息化教学实践中所处的阶段不同。信息技术操作能力处于信息化教学实践前期，也就是教师具备了信息技术操作能力才能谈得上信息化教学。比如 BSLZG 老师说："等他学会计算机了，才能够谈到把计算机用到教学中，他如果不会的话，他想用到教学中，也根本不可能。"信息技术应用能力处于信息化教学实践后期，也就是教师是在信息化教学实践中逐渐掌握信息技术教学应用能力。

不同类型的信息技术操作能力决定了不同类型的信息技术应用能力。如果教师掌握的信息技术操作能力是"农远工程"模式一的操作技能，那么教师的信息技术应用能力就是"农远工程"模式一在教学中应用的能力。笔者发现教师的多媒体教学课件基本是文字加图片，很少有视频和动画，原因是教师不具备视频和动画的编辑能力，容易出现教学被动画和视频牵着走的情况。也就是 A3LN 老师所说的，"像 Flash 课件有的人不会改，有时候反而让 Flash 课件驾驭了整个课堂，你呈现出来的就是那幅画面，学生跟着课件走，老师也跟着课件走"。由于教师的课件制作掌握的是图片和文字的编辑技术，教师的信息技术教学应用能力主要是图片和文本的教学使用能力。

教师的信息技术操作能力反映的是教师在计算机、网络等信息技术方面具备的操作能力。信息技术操作水平高的教师信息技术应用水平不一定高，反之，信息技术操作水平低的教师信息技术应用水平不一定低。教师信息技术应用能力除了与教师的信息技术操作能力有关，也与教师的教学设计能力、课堂驾驭能力等有关，反映的是教师的教学能力。

四、学生的认知规律和信息素养

（一）学生对多媒体课的积极态度

教师认为学生喜欢上多媒体课，如 A2Y 老师说："其实多媒体课有必要，大家有共同见解，学生兴趣大。"再如 A1H 老师说："学生很乐意上多媒体课，又生动、又形象、又直观，当然积极性高了。"通过对 A 小学和 B 小学 250 多位学生的调查，90% 以上的学生喜欢上多媒体课。学生喜欢上多媒体课的积极态度从认知规律角度理解是，多媒体课教学手段丰富，给予学生的学习体验是积极的；从学生角度理解也就是学生更适合多媒体教学手段、多感官体验的教学方法。

学生对上多媒体课的积极态度从教师角度理解就是多媒体教学能提高学生学习兴趣，有助于教学质量的提高。

> 学生的学习，老师的作用是一方面，学生的作用也是一方面。学习是需要动力的，这种动力就是兴趣。课堂上可以用各种各样的手段提高学生的学习兴趣，学生的学习兴趣提高了，学生的注意力自然而然就集中了，听课效率自然也就上去了。
>
> —— A1ZJ 老师

> "农远工程"教育资源一投入课堂里，学生见到全新的东西，他们内心中的好奇心就被调动起来了，学习马上就有兴趣，他们就愿意学习。在网上找的图片、音频、视频给学生造成的新奇感，和传统的那些东西没法比。所以说，要取得成功最主要的就是兴趣。学生对学习感兴趣，就愿意投入课堂中，参与的积极性提高了，你说他们能不成功吗？
>
> —— A3G 老师

农村学生喜欢上多媒体课的积极态度在多媒体教学推广的初期阶段更加明显，原因是农村学生很少接触计算机，出于好奇对多媒体教学有很大兴趣。

> 农村学生好奇，没见过计算机，到多媒体教室至少能摸下计算机。
>
> —— A4LS 老师

刚开始接触计算机，学生感觉新鲜，上课精力比较充沛。

—— A4W 老师

课堂上，比如学生组词造句，这个句子造得特别好，下课时老师叫学生把这句话打到计算机上放出来，学生兴趣特别大。一年级第二学期巩固汉语拼音，学些基本的计算机常识，打个字，学生兴趣特别大。他们会想："今天上课了，我就想着好好造个句子，老师就表扬我了，还叫我在计算机上打字了。"

—— AHYC 老师

随着学生接触计算机次数的增加，学生对出于好奇心的多媒体教学学习兴趣减弱，个别教师的多媒体教学次数也随之减少，正如 A2ZY 老师所说：

后来多媒体教学热情为啥慢慢淡了？从入学他就接触计算机，大家用得熟练了，学生也就像看彩虹一样，看得不爱看了。

学生对多媒体教学的态度对教师在教学中应用信息技术有影响，但是并不构成教师信息技术应用的关键因素。学生认知规律对教师信息化教学的影响是通过多媒体提升学生学习兴趣发挥作用的，但是，多媒体提升学生学习兴趣的教学策略与教师自身信息化教学水平直接相关。如果教师有较高的信息化教学设计和驾驭能力，那么多媒体所激发的学生学习兴趣可以为提高教学效果服务，反之，多媒体会分散学生注意力，导致课堂教学效果较差。从激发学生学习兴趣角度分析，教师激发学生学习兴趣并非只有多媒体一种手段，也可以组织竞赛、游戏、讲故事等活动激发学生学习兴趣。

（二）年级的影响

教师普遍认为，低年级学生更喜欢上多媒体课，也就是说低年级学生更适合多媒体教学，正如 A2D 老师说：

对一、二、三年级来说，尤其是一、二年级学生，你要是干巴巴地讲课的话，学生很容易听一会儿就不爱听了。但是用课件呈现教学内容，比如同样的教学内容你用一张画呈现，学生可能不爱看；你用计算机动画呈现，学生兴趣高得很，爱看得很，能记住内容。

低年级学生适合多媒体教学的原因正如以下两位教师所说：

低年级学生抽象思维能力差，直观、形象的内容容易被理解，被接收。

—— BYL 老师

低年级学生表现出的往往是感性思维，多媒体教学能把学生的感性思维转化成理性思维，使学生真正学到科学知识。只有学生喜爱上了感性思维，他们才能喜欢上数学课，才能更容易接受数学知识。

—— A1L 老师

当然，高年级学生也喜欢上多媒体课，高年级学生喜欢上多媒体课的理由更丰富一些。这里列举部分学生喜欢上多媒体课的理由："学得快，可以获取更多知识""会把我们的兴趣提高，可以好好地学习""我们理解更深刻""上课时有图片，让我们有学习的兴趣""用起来很方便""因为简单，上完课也能记住""老师省力很多，我们学的也多""里面的内容比书上的内容好一点""里面的练习题比书上的好"。归纳而言，高年级学生上多媒体课更看重教学效果和效率。

高年级和低年级也影响教师多媒体应用的方法，正如 A3ZS 教师所说：

低年级要穿插一些卡通动物，以动物的形式直观地展示给学生，学生比较感兴趣。高年级只能以实物展示，抽象一些，你把卡通动物去掉，只讲内容，当然里面还可以穿插一些提高学生兴趣的内容，但是不能过多。

（三）学生信息素养的影响

B 学区在新课程教学改革中，教师会让学生课前查阅资料并在课堂中展示。学生课前查阅资料和在课堂中展示就涉及学生信息素养，学生信息素养关系到收集的资料是否准确丰富，关系到学生在课堂中的展示效果，并进而影响到课堂教学效果。从学生查阅资料能力分析，以 B 小学五（2）班为例，34 名学生中有18 名学生不会查阅资料，剩余 16 名学生认为自己会查阅资料。但是从笔者的观察来看，这 16 名学生查阅资料的水平其实很低，因为所有学生都不会建文件夹、不会规范打字。从学生课堂展示环节分析，以四（1）班 BYY 老师教授"颐和园"一课为例，学生课堂展示的内容有图片、打印文本和手抄文本，学生都是拿着纸质图片或文本进行展示，还不会用电子白板进行展示。

对 A 小学综合实践课的分析也可以得出学生信息素养影响教学效果。以五

（2）班 A5C 老师的综合实践课为例，该节综合实践课是学生通过查阅文献收集家乡的文化、教育、科技、风俗习惯、名胜古迹等资料，学生在收集资料过程中体会家乡的美、生发热爱家乡的感情，最后将收集的资料汇编成册。但是，该节综合实践课却是 A5C 老师每天晚上奋战到凌晨 1 点多，连续奋战 15 天完成了资料的收集和汇编，学生的信息化参与仅仅是学生将自己撰写的作文输入 Word 文档。当然并不是 A5C 老师不给学生信息化参与的空间，而是学生不会查阅和整理资料，学校条件也不允许。从笔者在信息技术课堂中对五（2）班学生信息素养水平的观察可知，绝大部分学生文档输入很困难，基本上都是用两个手指输入，而且不会保存。从对 A5C 老师的综合实践课分析，其课堂很精彩，学生展示很丰富，但是课堂展示环节的信息技术操作都是 A5C 老师完成的。综合而言，A5C 老师的综合实践课很精彩，但是并没有达到使学生在活动中发展能力的目的，当然这不是学生的错，也不是 A5C 老师不给学生参与的机会，而是学校条件达不到。A5C 老师其实很希望学生能够查阅资料，正如 A5C 老师所说：

> 应该让学生也能使用计算机，学生能从互联网上去找知识，然后和老师进行交流，我觉得如果能够提供这样的机会更好。现在一直是老师们单方面去寻找知识，如果让学生自己掌握寻找知识的能力，给予学生这样的条件，我觉得学生可能更加有学习兴趣。

A 小学新建计算机教室后，笔者也询问过教师关于计算机教室是否可以上语文课、数学课的问题，教师都认为计算机教室可以上语文课、数学课，但一些教师认为实现这一要求需要学生具备信息素养，正如 A1ZJ 教师说：

> 在计算机教室上语文课，学生首先要会使用计算机，一般性的操作会用，才能够进行网络环境下的教学。网络环境下的教学大多是学生自主学、合作学。比如学习李白的诗，老师教给学生自主学习的手段，学生通过上网查找有关李白的知识，从而培养学生自学和终身学习的能力。

在计算机教室开展网络环境下的教学，培养学生自主、合作和探究学习能力，首先要求学生具备一定的信息素养。

由于农村学校信息化硬件和网络条件差，学校不重视学生信息技术课教学，农村学生信息素养几乎等于零。农村学生无论在学校还是家中（个别学生除外），都不具备信息技术使用条件。学生信息素养对信息化教学的影响还不明显，但是

A 小学的几个教学案例证明，学生信息素养对教师信息技术应用效果有着关键影响。随着农村学校和学生家庭信息化条件的改善，学生信息素养在信息化教学中发挥的作用越来越大，这里将学生信息素养理解为未来影响信息化教学有效性的关键影响因素。教师的信息化教学能力和信息技术应用行为会影响到学生的信息素养，先有教师的信息化条件和信息技术应用能力，才能谈得上学生的信息化条件和信息素养。

提升学生在信息化教学中应用信息技术的能力不仅影响信息化教学的效果，也是教师信息技术应用的重要目的，正如 L 馆长所说：

> 我觉得不能只是把信息技术作为工具，在上公开课时用一下信息技术，鼠标一点三角形出来了、立体几何图出来了。应该让信息技术变成学生的一种思维，就像饿了就要吃，渴了就要喝，很自然地让学生能够在自己的学习中甚至以后的成长中自然而然地使用信息技术，遇到困难了可以借助信息技术手段来解决问题。

五、教学内容

（一）多媒体教学手段的特点

对教师的本土概念如"直观""形象""生动""节省时间""替代小黑板""便捷""容量大""信息广"等归纳后可以得出，多媒体教学手段的特点是直观形象、方便快捷、信息量大。多媒体应用的目的就是给学生提供一种更为直观、形象、生动的展示。

（二）教学内容对信息技术应用的影响

基于对教师的访谈和课堂观察，笔者整理出本土概念"直观""形象""生动""重难点容易理解""知识构建""创设情境"等，将这些本土概念结合语境分析可以得出，这些本土概念反映了只有特定的教学内容才适合用多媒体手段。综合而言，教师口头讲解、书面板书、肢体语言等传统教学手段不能很好地完成教学目标的教学内容适合用多媒体，反之，传统教学手段能够完成教学目标的教学内容则没有必要用多媒体，正如 A1ZJ 老师所说：

比如"飞夺泸定桥"，你讲得口干舌燥，学生并不理解，但是如果把《飞夺泸定桥》电影片段放上，学生看了以后自然而然就明白什么是"飞"，什么是"夺"，为什么是"飞夺"两个字。

A1ZJ老师显然认为"飞夺泸定桥"的教学内容更适合用多媒体。考虑到并不是所有教学内容都需要用多媒体进行教学，所以从教学内容角度判断，教学内容也是影响教师是否使用信息技术授课的一个重要因素。

（三）学科对信息技术应用的影响

从教学内容推导，由于各个学科教学内容不同，学科也会影响到教师信息技术应用的频率和方法。小学的语文、数学、音乐、美术课程使用多媒体教学频率较高，英语、体育等科目使用多媒体教学频率较低。这里以语文、数学和英语课程为例，说明教学内容如何影响不同科目的信息技术使用频率。A学区和B学区共有6位英语教师，这6位英语教师都对多媒体教学持否定态度。从6位英语教师的多媒体教学经验分析得出，英语教师使用多媒体教学的体会只有学生学习兴趣高，而没有知识点容易理解等积极感受，学生学习兴趣高的原因是"学生只是感觉有新鲜感、好奇，上课效果不是很好，不一定能学到东西"，英语教师的教学方法是"一遍一遍练，抄一抄，写一写，制作一些小卡片、图片配上英语单词"等，英语学科教学特点是"学英语主要是背，多媒体太花哨，用多媒体不太合适"。以A4B教师为例，A4B老师先后教过语文和英语，A4B老师从比较视角认为英语科目不适合用多媒体。BYLG教师说："学生尽图了红火热闹，教学效果不行。"

有些教学内容用了多媒体比用传统教学手段效果好，有些教学内容则没必要用多媒体，或者用了多媒体教学效果反而差。比如教学板书，教学中必要的板书并不能少，多媒体不能替代板书。

教学内容对信息化教学的影响实质上是对教学效果的影响，也就是抽象的、使用传统教学手段达成效果差的教学内容用多媒体效果较好，这样的教学内容教师喜欢用多媒体；而有些教学内容没有必要用多媒体，或者用了多媒体所达成的效果反而比较差，比如数学教学中多位数加减法，教师在黑板上将计算步骤一步一步推导出来要优于在多媒体屏幕上的一次性展示。

教学内容对多媒体教学的影响很大程度上与教师自身信息化教学能力相关，信息化教学水平高的教师将信息技术用于更多的教学内容，信息化教学水平差的教师则容易得出一些教学内容不适合用多媒体的判断。当然，绝大多数农村教师信息化教学能力较弱，致使教学内容影响到教师的信息技术使用频率。

六、综合影响机制模型及关键影响因素

教师年龄对信息技术应用的影响通过教师信息技术操作能力、信息技术应用能力和教学理念综合发挥作用，通过解读教师年龄对教师信息技术使用的影响能更好地分析微观层面的影响因素。

（一）教师年龄

老教师（指 45 岁以上的教师）很少使用信息技术，但是也有个别老教师喜欢使用信息技术。老教师使用信息技术少的首要原因是，老教师信息技术操作水平差甚至不会操作。第一，由于年龄问题，老教师学习信息技术操作相对困难，正如 A5ZF 老师所说："我们记不住，操作过就忘了。另外岁数越来越大，今天学会了，明天又忘记了。"第二，相对信息技术操作能力的掌握，掌握信息技术在教学中的应用能力需要付出更多的时间和精力，这对老教师的体力提出了较高挑战。第三，由于老教师习惯于传统教学理念和教学方法，教学理念和教学方法变革的阻力相对更大，导致老教师教学理念中对多媒体教学的需求相对较弱。

老教师在信息技术操作能力、信息技术应用能力和教学理念三个方面遇到的困难比年轻教师相对较多、付出的时间和精力也相对较多。这种现象实质上反映的是年龄导致老教师接受新事物慢、精力不足和职业倦怠。如 BSLZH 老师说：

> 第一，年龄大的人，兴趣没有年轻人广泛。第二，接受新事物没有那么强烈了。第三，老教师习惯于传统手段，靠着自己多年的经验，他觉得顺手。像我们 50 多岁的老师，精力没有年轻人充沛，学习欲望没有年轻人强烈，接受新事物的能力也没年轻人强，上进心就没年轻人强，人都有这个过程，由低潮到上坡，再走下坡，这是必然的人生轨迹，你不可能打破这个轨迹。

再比如 A3Y 老师，年轻时喜欢用录音机、电视、计算机等设备，但是现在对信息技术的兴趣减弱，正如 A3Y 老师所说：

> 现在对多媒体教学兴趣不大了，我现在很少用这些东西，电子白板教室安装以来我一次都没用过。那时候年轻，工作热情高，现在懒得很，电子白板我都不会用。

老教师很少用信息化设备或基本不用，而农村学校老教师比例又相对较高，这就直接导致学校信息化设备使用率低。比如 GM 小学六位教师中的五位是 45 岁以上的，只有 A5C 老师在 30 岁以下，正如 L 馆长所说：

> 国家最大的出发点是让偏远的农村教学点用远程教育，感觉特别好，把教学资源的问题解决了，但这多少有点儿一厢情愿。为什么这么说？教学点都在偏远的地方，条件比较差，教学点配备的教师一般都是快退休的老教师，一个教学点两三个 50 多岁快退休的老师，负责把娃娃看住就行了。老教师要掌握远程教育设备的使用，困难还是比较大，这就跟国家的初衷背离了。那么偏远的教学点年轻人去肯定待不住，一个学校几个、十几个娃娃，让年轻小伙子待在那各方面困难比较大，所以各学区都是临近退休的老教师去教学点。老教师事情少，也不要多高的教学质量，只要把娃娃看好就行，这样一来你说让远程教育在教学点发挥作用，其实各方面的原因就把它限死了，目前这个条件肯定还是有困难。

（二）微观因素综合讨论

微观因素综合作用机制模型如下（图 4-1）。教师的可利用时间影响多媒体教学准备程度，进而影响教师信息化教学积极性和有效性。教师可利用时间的宽裕程度直接影响教师的多媒体授课频率，进而影响教师信息技术操作能力和应用能力。教师可利用时间少，投入到信息技术学习的时间也少，必然影响教师信息技术操作能力和应用能力。信息技术操作能力是信息技术应用能力的必备条件，信息技术操作能力影响信息化教学频率和有效性。教师的教学理念影响教师的多媒体教学需求，进而影响信息化教学频率。信息化教学频率影响教师的信息技术操作能力和应用能力。"以学生为中心"的教学理念促使教师主动学习信息技术操作技能和信息技术应用策略。教师的信息技术应用能力直接影响教师的信息化

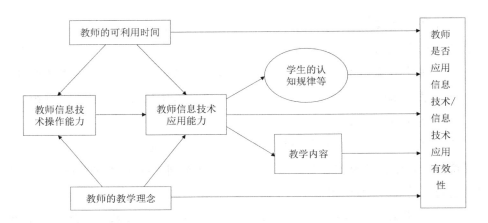

图 4-1　微观因素综合作用机制模型

教学意愿。信息技术应用能力可以克服学生认知规律和教学内容的阻碍，促进教师在教学中最大化应用信息技术，正如 A5YQY 校长所说：

　　教师如果真正把信息技术用得得心应手，说不定每节课都可以用到它，并且用的人很方便，学的人也很轻松。

　　教师在课堂教学中体现的信息化教学能力有助于培养学生信息素养。学生认知规律和教学内容类型影响教师是否在教学中应用信息技术。学生信息素养对信息化教学有效性的影响逐步显露，但是还不明显。学生信息素养是未来影响信息化教学有效性的关键因素，是信息化教学有效性的突破口，也是信息技术应用的重要目的。

（三）微观层面关键影响因素

1. 教师信息化教学能力、教师的可利用时间是关键影响因素

　　结合教师信息技术应用的现状，从微观因素的综合作用机制模型分析，微观层面中教师的信息化教学能力、教师的可利用时间是关键影响因素。教师基本的信息技术操作能力是教师信息技术应用的必备条件。

2. 学生信息素养是未来的关键影响因素

　　学生信息素养受限于信息化环境和教师信息化教学能力，尚未构成影响信

息技术应用的关键因素。但是随着农村教育信息化发展，学生信息素养会成为关键性的影响因素，同时也是提升信息化教学有效性的突破口。

小结

基于本书的调查或可得出以下结论。

1）在信息技术应用历史中，教师的信息技术应用观念从疑虑和排斥，到逐渐认识和理解信息技术在教学应用中的必要性和重要性。区别在于，不同教师教学理念、信息技术操作能力、信息技术应用能力不同，对信息技术应用必要性和重要性的理解不同。教师持有积极的信息技术应用观念，或者说不排斥信息技术在教学中的应用，但是，一些学校缺乏信息化硬件设备，导致教师很少有机会组织信息化教学。这种状况不利于教师在实践中发展积极的信息技术应用观念。公开课等教学活动要求使用信息技术已经成为常态，但是，这类信息化教学实践对维持教师积极的信息技术应用态度发挥的作用不大，教师主动使用信息技术的真正动力是学生能够在教学中受益，而公开课的做课成分不利于教师形成积极的"学生从多媒体教学中获益"的认识。

2）在新课程改革推动下，教师教学理念普遍从以"教师为中心"向"以学生为中心"转变，信息技术能够促进这种转变。同时，"以学生为中心"的教学理念也引领教师在教学中主动使用信息技术。

3）学校硬件条件影响教师信息技术操作能力和应用能力。缺乏信息化硬件设备导致教师缺乏信息化教学实践，致使教师已经积累的信息技术操作能力退步，更谈不上发展信息技术应用能力。

4）教师"以学生为中心"的教学理念能够激发教师主动提升自身的信息技术操作能力和应用能力。但是，这种激发以学校具备适宜的信息化条件为基础，如果不具备适宜的信息化条件这种激发只是空谈。

5）在信息化教学实践中，教师缺乏时间支持是普遍现象。但是，针对特定学校和特定教师，时间因素体现的阻碍程度不同。一些学校工作环境宽松，教师有一定的时间探索信息技术应用。一些教师也愿意利用业余时间学习信息化教学知识或从事信息化教学准备工作。

6）受限于农村学校信息化条件，学生几乎没有课堂中的信息化参与行为。但是，在一些综合实践课等教学活动中，学生信息素养成为决定教学活动成败的关键因素。

7）教师信息化教学能力、教师可利用时间是影响教师使用信息技术的微观层面的关键影响因素，学生信息素养是未来的关键影响因素。

第三节　中观层面影响因素及作用机制模型

一、硬件设备

硬件设备是信息技术应用的必备条件，没有信息化硬件设备就没有多媒体教学的可行性。正如 A56QY 校长所说："推进信息化教育，不给教师和学生创造必要的条件，都是纸上谈兵。"硬件设备对教师信息技术应用的影响包括直接影响和间接影响。

（一）直接影响

硬件设备对教师信息技术应用的直接影响是指教师在信息技术应用过程中硬件设备的获取概率、方便程度、性能优越与否等造成教师是否有条件在教学中使用信息技术。设备获取概率是指每位教师能够使用信息化设备机会的多少，也就是教师所说的"一到那个时间挨上多媒体课，准备好，不一定能上"。设备方便程度是指教师在多媒体课备课、实施多媒体教学过程中获取硬件设备的便捷性，也就是教师寻找设备付出的时间和精力。设备性能优越与否是指硬件设备在使用过程中性能是否稳定，主要指设备运行快慢、图像显示质量等。以下从教师和学校的案例分别说明。

1. 设备获取概率

A3ZXL 老师谈到她在 A 中学时期在办公室不爱用计算机时说："计算机太

少，一个办公室只有一台，你在计算机上用着了，别人还急着要做其他的，抢来抢去，我就不爱用"。从 A3ZXL 老师在办公室不爱用计算机的原因可以看出，教师获取硬件设备概率决定了教师使用信息技术意愿或者使用信息技术频率。笔者在 A 小学期间，A3ZXL 教师需要用计算机，要么去信息中心，要么拿自己的笔记本电脑在办公室使用。

A 学区绝大多数教师反映他们在教育布局调整前的 HM 等小学期间，每学期上多媒体课的次数要比在 A 小学多。原因是 HM 等小学一个多媒体教室只有 6 位教师用，而 A 小学一个电子白板教室却有 40 多位教师用，教师人均获取设备概率很小造成教师主观上不再愿意使用电子白板教室，正如 A1L 老师所说："可以说是狼多肉少吧，刁不上也就不刁了，所以就安稳下了。"

A5C 老师在 HNB 学校时期（2004—2008 年）两天上一节多媒体课，到了 GM 小学（2008—2010 年）每天上一节多媒体课，到了 A 小学（2010—2012 年）一个星期不到一节多媒体课。A5C 老师认为他在不同学校的多媒体课次数差异是由所处学校能够利用多媒体教室的机会多少决定的，HNB 学校是 20 多名教师共用一个多媒体教室，GM 小学是 5 位教师共用一个多媒体教室，A 小学是 40 多位教师共用一个电子白板教室，显然 A5C 老师在 GM 小学时期获取多媒体设备概率要高。另外，A5C 老师在 GM 小学时期，学校 6 位教师中有 5 位教师都是老教师，很少用多媒体，所以 A5C 老师每天都有使用多媒体教学设备的机会。

BSWH 老师喜欢上多媒体课，但是仅仅是从 2007 年才开始，2007 年前 BSWH 老师就没上过多媒体课，原因是 2007 年前所在学校没有多媒体教学设备。2007 年前，BSWH 老师只能是在跨学区公开课活动中看到其他教师用多媒体，能够"简单地看一看，自己试着操作一下"。

2. 设备方便程度

硬件设备在教师获取过程中越方便，教师开展多媒体教学积极性越高。如果本班教室内有多媒体设备和网络，教师可以在本班教室下载教学资源上多媒体课，本班教室上多媒体课显然会比去专门的多媒体教室上课方便。A 学区老师在访谈中谈到去电子白板教室上课不方便，比如 A1C 老师说："还得把学生组织起来，学生搬上来搬下去，你说方便不方便？我上多媒体课还得把学生领上去，组织学生多麻烦。"考虑到去电子白板教室上课不方便，A1C 老师自己花钱买了一台旧笔记本电脑在本班教室上多媒体课。BSWD 老师谈到，在 B 中学时期"上多媒体课还要学生自己搬凳子，上课比较麻烦"。B 小学的多媒体教室冬天上课还需考虑取暖问题，学校在组织公开课活动时会生炉子取暖，日常教学时教师上多媒体课并没有取暖措施，所以冬天的时候教师自发组织的多媒体课很少。

本班教室如果有多媒体设备，教师的信息技术使用频率是否会提高？针对这一疑问笔者询问了 A 学区和 B 学区的教师，教师的回答是肯定的，正如以下老师所说：

> 这样方便的东西为啥不用！有利于教学的东西，能方便自己的东西为啥不用！

—— A3LN 老师

> 现在每个老师都知道多媒体的确方便快捷、能给教学服务，今天的课或许不适合用，或许明天的课用上多媒体特别好，能提高教学效果，这东西放到教室里为啥不用！应用之后学生都说好，既解放了教师又提高了学生兴趣，肯定会用。

—— A2ZY 老师

从 A3LN 和 A2ZY 老师的回答可以发现，设备获取方便提高了教师设备使用意愿。为了进一步验证设备方便程度对教师设备使用频率的影响，笔者做了对比调查，调查内容为比较 B 小学 5 个班级电子白板教室和公用多媒体厅、A 小学公用白板教室多媒体设备日均使用次数。笔者对 B 小学 2012 年 10 月 16 日至 11 月 8 日（除去周末和期中考试）共 14 天 5 个白板教室的多媒体设备使用频率做了调查，调查方法为第二天早晨询问本班学生昨天电子白板使用情况。

B 小学 5 个电子白板班级电子白板使用情况如下（表 4-2），最少的是四（1）班 0.7 节，最多的是五（2）班 1.9 节，每班日均电子白板使用节数 1.4 节。而 B 小学多媒体厅的多媒体课，笔者在 33 天时间内没有看到有教师去多媒体厅上过课。据笔者两个多月的观察，A 小学电子白板教室日均上课节数不超过 0.7 节。调查说明，B 小学教师本班教室日均多媒体课次数高于公用多媒体教室日均上课次数，这说明设备获取越方便教师使用设备频率越高。

表 4-2　B 小学电子白板日均使用节数

调查班级	四（1）	五（1）	五（2）	六（1）	六（2）
日均节数（节）	0.7	1.4	1.9	1.2	1.6

　　A1H 老师在 MF 小学时（2005—2010 年）"基本上每天都用课件，平均每天有两节语文课，至少一节课在用课件"，原因是"教室里就有计算机，节节课都可以用，几分钟时间下载好课件，如果来得及修改的话，就可以适当地去使用"。到了 A 小学（2010 年以后），本班教室没有多媒体设备，A1H 老师多媒体课上的少了，有时候 A1H 老师也会带自己的笔记本电脑在本班教室上多媒体课，但比较少。A1H 老师从 MF 小学到 A 小学多媒体上课次数变少正是因为 A 小学硬件设备比 MF 小学差。

　　3. 设备性能

　　设备性能优越性与否影响到课堂教学效果或者效率，进而影响教师是否愿意使用信息技术。以 A 学区 20 世纪 90 年代教学中使用的光学投影仪和 2004 年"农远工程"的多媒体计算机教学相比，教师都认为多媒体计算机使用频率高于传统光学投影片，原因是"以前的投影仪不清楚，用的时候需要拉着窗帘，但拉着窗帘，教室又黑得很，干不成其他事"，而多媒体计算机教学不仅图像质量清晰，而且有声音、动画等，还可以交互。

　　以"农远工程"模式一光盘教学和"农远工程"模式二多媒体课件教学为例，教师普遍喜欢模式二课件教学，原因是课件在教学中使用相对灵活，体现的是教师自己的教学思路。当然，对于课件下载和修改使用不熟练的教师更喜欢用光盘进行教学，原因并不是课件教学效果不如光盘教学，而是教师个人信息技术操作能力差，没有办法使用课件教学。

　　A5YJ 老师在 NG 小学利用多媒体设备开展过多媒体教学，但 A5YJ 认为，"当时教学效果并不怎么样，电视比较小，画面还经常抖动"。考虑到多媒体教学中画面质量不好，A5YJ 老师不太愿意上多媒体课。

　　A1Y 老师在 HX 小学期间（2000—2008 年）经常用课件上课，但到了 DB 小学（2008—2010 年）多媒体课就上得少了，原因是"多媒体教室计算机配置太低，启动电脑得半天，课件播放效果也不好"。同样，A2ZJ 老师在 DB 小学期间

（2008—2010 年）也是因为计算机性能太差很少用课件，也就是"调到 DB 小学的时候，多媒体教室的计算机操作系统处于瘫痪状态，计算机比较落后，实际上就是个摆设"，而 A2ZJ 老师在 XB 小学期间（2004—2008 年）"每节课都用多媒体，而且自己制作课件"。实际情况是 DB 小学 2004 年配备的"农远工程"模式二计算机用于学校办公，多媒体教室配备的计算机是学校 2002 年购买的计算机，配置较低，正如 A1Y 老师所说："配置太低，那个计算机还没有 HX 小学用的赛扬 633 配置高"。从 A1Y 和 A2ZJ 教师在 DB 小学期间因为计算机性能差导致多媒体课上课次数变化可以看出，设备性能影响了教师上多媒体课的意愿和频率。

（二）间接影响

硬件设备配备越早，教师越早接触设备，教师信息化教学能力能越早地得到锻炼和提升。随着教育信息技术不断发展，教师越早接触最新信息技术，就能越早积累信息技术使用技巧和教学使用经验。比如电子白板的配备，学校越早配备电子白板，教师能越早地掌握电子白板的使用技巧和教学策略。再如网络环境下的课堂教学，在 A 小学只有 A3Y 老师在网络环境下上过的一节课，其他教师都没有网络环境下的教学经验，也就是教师受到学校硬件设备限制，还没有条件开展网络环境下的教学活动。

学校提供的设备越充分和方便，教师信息化教学实践越多，教师信息化技能获得更多锻炼机会，教师信息化教学能力就越高。反之，如果得不到足够的信息化实践机会，教师信息技术操作水平会下降。A1H 老师的体会是：

> 多媒体要经常使用，如果有一段时间不去使用，你学下的一些制作课件的技能也就忘掉了、生疏了。

信息化硬件设备充足与否影响到教师信息技术培训效果的巩固程度，如 A5ZF 老师说：

> 教育局组织过计算机培训，但那时候学校里计算机很少，只有一台计算机，老师都不懂计算机，校长怕把他的资料弄丢了，一般情况下校长不让老师动计算机，所以这个培训也就白培训了。

学校提供的设备越充分和方便，教师利用设备的积极性就越高，教师也就越主动地提升自己的信息化教学能力。也就是在具备信息化条件之后教师才有条件通过实践操作提升自己的信息化教学能力，教师才会主动克服自身在信息技术操作方面遇到的困难。以 BSWD 老师为例，BSWD 老师在 B 中学时很少主动上多媒体课，信息技术水平也较差，BSWD 老师到了 B 小学之后（2011 年之后），由于所带班级四（1）班有电子白板，BSWD 老师积极尝试用课件上课，如 BSWD 老师所说："尽量上课用课件，如果能找到相关课件，下载下来之后，尽量用一些课件，尽可能地用一下。"在积极尝试多媒体教学的同时，BSWD 老师也积极提升自己的信息技术能力，笔者在数学教研室经常见 BSWD 老师观看笔者如何下载文档等，学习教学资源的下载方法。

硬件设备一方面影响教师信息化教学准备，另一方面影响课堂教学效率和教学效果。硬件设备性能从设备运行速度、多媒体显示质量、设备操作方便程度、设备功能等方面影响教学效果，比如电子白板的交互功能优于传统多媒体设备。硬件设备影响教师信息技术操作能力和信息技术应用能力，进而影响信息化教学准备和课堂教学效率和教学效果。教师都认同信息化教学的积极作用，但是学校硬件条件差导致多媒体教学准备和实施付出的时间、精力显著增加，影响了教师多媒体教学积极性。

二、学校公用经费

（一）公用经费说明

1. A 学区公用经费情况

A 学区公用经费 2006 年前主要来源于学生，包括收取学杂费和学生勤工俭学收入。2005 年 12 月，《国务院关于深化农村义务教育经费保障机制改革的通知》发布，推行农村义务教育经费保障新机制，西部地区农村义务教育阶段公用经费从 2006 年春季纳入财政预算。2006 年开始，A 学区公用经费主要是财政预算内公用经费，2007 年之后 A 县勤工俭学政策取消，2007 年之后 A 学区公用经费基本是财政预算经费。

2008 年，中央出台农村义务教育阶段学校公用经费基准定额。2009 年，农村义务教育阶段学校公用经费基准定额全部落实到位。2010 年、2011 年两次提高农村义务教育阶段学校生均公用经费基准定额，达到中西部地区小学生生均每年 500 元、初中生均每年 700 元。①

A 县农村学校义务教育阶段公用经费拨款标准执行的是国家规定的公用经费基准定额。

2006 年以前，也就是实行农村义务教育经费保障新机制前，A 学区不同规模学校的公用经费对学校日常运转的保障程度不同，A 学区的 A 中学因为学生人数多加上学生勤工俭学收入能够保障学校的正常运转，A 学区的 NG 等小学因为学生人数少需要寻求社会帮助等才能维持学校运转，正如 A5YJ 老师所说：

> 学生勤工俭学挣一些钱，有爱心的老板和村上的能人捐助一些。再就是每个学校有些勤工俭学的地，老师每年种些农作物，卖上些钱，维持学校开支。

2006—2010 年，A 学区各个学校公用经费依据学校规模不同以及 A 县勤工俭学政策的变化，导致公用经费满足学校正常运转的情况不同。

2010 年之后，A 小学公用经费并不能满足学校的正常运转，学校公用经费一直赤字，主要原因是 A 小学是完全寄宿制农村小学，学校正常运转需要的公用经费显然要比非寄宿制学校高，另外，A 小学作为北方学校，学校公用经费很大一部分支出用于取暖，A 小学会计认为取暖费用占到学校公用经费 1/3。但是，从 A 小学校长、学校会计和学区会计得到的回答可知，A 小学公用经费执行的仍然是国家规定的农村小学基准定额，并没有因为寄宿制学校而有所提高，近几年也没有拨付取暖专项经费。为了弥补学校公用经费不足，A 小学校长想了许多办法，比如，2012 年组织教师种植了 2.7 亩经济作物。

2. B 学区公用经费情况

B 学区没有学生勤工俭学的情况，2006 年前，学校公用经费主要是向学生收取学杂费，2006 年后，B 学区学校公用经费全部纳入财政预算，B 学区公用经费标准也是执行的国家基准定额。

B 学区 B 小学前几年有少许经费赤字，近几年随着国家规定的公用经费标准提高，学校公用经费能够满足学校日常支出。B 小学公用经费相对宽裕的原因一方面是 B 小学作为非寄宿制学校，学校日常开支相对较小；另一方面 B 县每

---

① 摘自《中国农村教育》杂志 2012 年第 11 期刊首语。

年拨付取暖专项经费，2012 年该校取暖专项经费为生均 140 元。另外，B 小学取暖方式为生炉子，取暖支出相对较低。

（二）影响学校信息化设备投入

农村学校公用经费的宽裕程度，影响学校可投入到信息化建设中的经费。学校公用经费宽裕，才可以有结余经费投入信息化建设，比如 A 中学在 L 校长时期，学校有学生勤工俭学收入，学校公用经费相对宽裕，A 中学建起计算机教室并购置教师备课计算机。学校公用经费紧张，则谈不上投入信息化建设，A 学区的 HZ 等小学除了"农远工程"配备的设备，学校自行购置的办公和教学用信息化设备主要靠社会帮助，典型做法是寻求当地企业老板、乡村能人、村委会、学生家长帮助，比如 NB 小学的第一台计算机就是当地企业老板捐助，正如 AHYH 老师所说：

> 我们那边有几个老板，他们给我们投了些钱购买了计算机。我们办公室还接了暖气，这都是老板投的钱。

A 小学成立之后，公用经费一直紧张，从 2010 年 9 月到笔者研究期间，A 小学除了信息化维护投入，学校没有自行购置任何信息化设备。实际上，A 小学对于上级部门投入信息化设备需要配备的小部件投入都感觉很吃力，正如 A5YQY 校长所说：

> 虽然教育局配备了那么多计算机，但是学校还要花了很多钱，你也看到了，学校网络的布线，为什么旧线也用上了，原因还是受资金制约，就是能使用一遍就使用一遍，我们学校公用经费都赤字了。

B 小学公用经费相对 A 小学宽裕，但是 B 小学能够投入的信息化建设经费也很有限，正如 BYW 校长所说："学校自己没办法解决教室里的计算机投资。"B 小学自成立以来，公用经费购买的信息化设备包括 6 台计算机、5 台打印机和 2 台投影机。B 小学近些年信息化设备投入主要依靠通过社会关系争取到的社会捐赠。

（三）影响学校信息化运行保障程度

学校有了计算机等信息化设备后，还需要保障设备正常运转，包括日常电费支出、设备维修、网络接入费等。学校公用经费对于信息化正常运行的保障程度，影响信息化设备是否能够正常运转，进而影响教师使用信息化设备的可能性和有效性。以 NG 小学为例，NG 小学多媒体教学设备一直存在图像抖动问题，但是这个问题一直得不到解决，原因正如 A5YJ 老师所说：

> 不好解决，学校那时候教育局一分钱也不给拨，就是领上娃娃搞点勤工俭学，你说怎往好里弄了。

2011 年，国家提高了义务教育阶段学校公用经费基准定额，农村学校公用经费基本能够保障信息化运行和维护支出。但是，对于寄宿制学校而言，学校公用经费保障学校正常运转仍然存在困难，对信息化运行和维护的保障力度也相对较弱。以 A 小学为例，A 小学会计认为学校配备新计算机"按现在的发展形势，应该说是需要的，学生可以上网查个资料"，但也感叹"电器设备太多，造成学校资金困难，电费高了"。A 小学一套多媒体教学设备之所以被放弃使用，就是因为投影机灯泡损坏学校没钱购买灯泡。为了防止学校唯一的一套电子白板投影机灯泡损坏，学校规定电子白板超过 15 分钟不使用就要关闭投影机。

学校公用经费支出由校长负责，所以公用经费对信息化运行维护的影响体现为校长为降低信息化运行维护费用，限制教师使用信息化设备，正如以下两位访谈对象所说：

> 校长管得严，刚配备上计算机，他认为计算机太精贵，觉得他也用你也用，维护不好就坏了，坏了要花钱。实际上计算机真正用起来还是特别有用。
>
> —— A4Z 老师

> 像"李嘉诚项目"设备一开始配的时候有些校长还害怕使用坏，放到他的房子里不让其他老师用。因为利用率一高，坏的频率也高，一坏就要花钱，一开始配设备的时候，学校经费很紧张很困难。
>
> —— BXD 校长

当然，校长限制教师使用信息化设备只是说明公用经费支持信息化正常运行困难，而并非校长不支持教师使用信息技术，正如 A5YJ 老师所说：

> 校长主要害怕弄坏了，害怕门锁不好，丢掉怎么办。在教育水平方面，他也希望老师赶快提高。

学校公用经费的信息化支出直接影响学校信息化投入规模和运行维护保障力度，进而影响教师在教育中应用信息技术的条件。学校公用经费对信息化发展的影响通过校长的信息化行动体现出来，也就是公用经费不足很大程度上影响了校长的信息化行动。一些校长虽然思想上支持信息化，但行动上却无能为力，正如 A 市电教馆 Y 馆长所说：

> 信息化事业真的是花钱的事业，没钱，你就说我脑子多好也没用。谁都说教育信息化很重要，但是没钱我沾不上。我们这个地方地域广、人口密度小，导致教育规模小，那时候村村办小学，80 ～ 100 人的小学特别多，按过去那种收费标准，校长一学期可支配的钱大概就是 1500 ～ 2000 元，1500 ～ 2000 元学校要运行一个学期，你想象是个什么情况。校长他有那个心但没那个力。

2011 年，国家提高了义务教育阶段学校公用经费基准定额，但是对于农村寄宿制学校而言，尤其是冬天取暖的北方农村学校，国家规定的农村学校公用经费基准定额仍然不能保障农村学校正常运转。寄宿制学校的公用经费支持学校信息化正常运转都很困难，更谈不上投入学校信息化建设。

这里列出 A 小学每年信息化运行维护费用（表 4-3），A 小学信息化运行、维护经费一年大概是 3.3 万～ 4 万元，约占学校公用经费（32 万～ 35 万元）的 10%。

表 4-3　A 小学信息化运行维护费用　　　　　　　　（单位：万元）

信息化运行电费支出	宽带网络接入费用	计算机和网络耗材	打印机、复印机维修及耗材	打印和复印纸	总支出
1 ～ 1.5	0.1 ～ 0.3	0.2	1	1	3.3 ～ 4

三、校长的信息化领导力

（一）校长因素验证

教师、校长和电教馆长都认为校长信息化观念等影响到教师是否上多媒体课，正如以下几位访谈对象所说：

> 假如遇到两种校长，第一种校长非常希望老师们积极利用信息技术，老师在这样的工作氛围中就踊跃使用信息技术，这是很好的环境。但是如

果校长认为信息技术用和不用都一样，或者用起来非常麻烦，老师们本来有积极的心态去用信息技术，但是，在这样的氛围中，他们就会受到打击，会被周围不利于使用的环境所影响，慢慢地也就不再积极。

—— A5C 老师

信息化设施设备应用得好与坏主要责任在校长，校长如果喜欢这些，或者说愿意去探究、掌握这些，他就愿意把这些在教师中推广，也让教师能够得心应手地去使用，如果校长对这个事情不感兴趣，那信息化设备配在学校里基本上是闲置。

—— A3G 校长

一个学校信息化发展水平某种程度上取决于校长，如果校长对信息化特别感兴趣，他就会想尽一切办法发展信息化，如果校长对信息化没兴趣，这个学校在信息化方面不能说没发展，但肯定要比其他学校落后。

—— Y 馆长

也有个别教师认为校长对教师是否使用信息技术影响不大，如：

联系不大，校长管的好像不是这个，教学上主要还是靠自己，校长的观念一般影响不到普通老师。

—— A3LN 老师

这位教师的意思其实是说普通教师和校长直接交流的机会少，体会不到校长的直接影响，其实校长对信息化教学的影响还包括校长的信息化观念通过教导主任、电教主任等的执行发挥作用。对于一些信息化教学水平较高而且喜欢上多媒体课的教师而言，校长是否要求上多媒体课不影响这类教师是否上多媒体课，但是校长创造的信息化条件对这类教师的多媒体课会间接地产生影响。

（二）校长信息化领导力内涵

从教师、校长和电教馆长关于"校长对信息技术教学应用影响"的访谈文本编码中可以整理出"希望""感兴趣""理念""重视""提倡""热衷""他觉得这个东西用起来太麻烦""觉得是个好东西""也是我理念转变后就得在这方面动起来""校长比较喜欢这个东西""校长眼光看得远"等本土概念，这些本土概念反映了校长的信息化认识。通过的校长案例的对比分析可以看出，校长个人信息化能力在学校信息技术应用中也发挥重要影响，包括校长个人信息素养、信息技术应用能力等。校长信息化认识对信息技术应用的影响通过校长的信息化行动体现出来，校长信息化行动中体现的能力称为校长的信息化行动能力，包括校长筹建学校信息化条件的能力、校长规划学校信息化发展的能力、校长保障信息化正常运行的能力、校长促进信息技术有效应用的能力。这里将校长信息化认识、校长个人信息化能力、校长信息化行动能力统称为校长信息化领导力。

校长信息化领导力中校长信息化认识、校长个人信息化能力、校长信息化行动能力的逻辑结构如下（图4-2）。校长信息化认识推动校长学校层面的信息化行动，在实践中提升校长信息化行动能力。校长信息化认识驱动校长提升自身的信息化能力，包括信息技术操作能力、信息技术应用能力、信息技术教育管理应用能力等。校长个人信息化能力强化校长信息化认识，有利于校长形成信息化对学校发展的积极认识。校长个人信息化能力有利于校长信息化行动能力的发展，个人信息化能力强的校长显然在学校的信息化决策和执行方面更具有科学性和有效性。

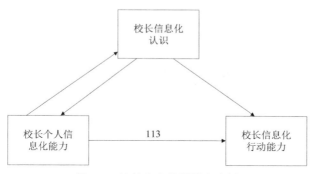

图4-2　校长信息化领导力内涵

校长信息化领导力中，校长信息化认识是核心，校长只有具备积极的信息化认识，才会在信息化方面行动起来，正如 A5YQY 校长所说："我认识到信息化的重要性，我才会全力以赴去做这个事情。"另外，如果校长认识到信息化对学校发展的重要性，也会积极提升个人的信息化能力。校长个人信息化能力也是信息化领导力的重要组成部分，在日常工作中能够积极使用信息技术的校长更能发挥校长信息化影响作用，比单纯利用校长权力影响教师信息化教学更具影响力，正如以下几位访谈对象所说：

> 比如说，你是校长，你让大家上多媒体课，校长我不上，我上课还拿着一支粉笔一块黑板上了，教师就说了，校长都在敷衍多媒体课了，我们也不上了。

——A3ZS 校长

> 校长带的数学，他也用多媒体，挨到数学课也亲自用模式二，这都给我们带来积极的影响。

——A1L 老师

> 校长喜欢用多媒体，上课的时候经常用一些课件，当然其他老师也就积极些，一看校长用了，我也得用。

——A1Y 老师

校长信息化行动能力是校长信息化领导力的集中体现，校长创造信息化条件，以及促进信息化教学的能力直接影响教师信息技术使用，校长信息化行动能力的实质是校长利用校长权力及个人影响力，调动学校人力、物力、财力等资源及校长个人资源影响学校信息化发展。

（三）对信息技术应用的影响机制

通过对教师、校长等访谈对象访谈文本的分析，以及对 A 学区和 B 学区各个学校案例的分析可以看出，校长信息化领导力影响学校信息技术应用条件，影响教师多媒体教学积极性，影响教师信息化教学能力。

1. 影响信息技术应用的条件

学校信息化发展需要投入计算机等硬件设备或者筹集资金购买信息化硬件设备，以及投入经费和人力保障信息化正常运行。如果校长认识到信息化的重要性，以及校长信息化行动能力较强，校长就会积极从各种途径筹措资金购买设备或者争取设备，积极保障学校信息化设备正常运行，正如 A4YG 老师所说：

> 领导观念不一样，不在于学校是否有钱，你说学校有钱吗？根本就没钱。但有些校长没钱也想办法了，积极争取了，教育局有项目了，就多给些，学校信息化就办得好些。有些校长观念落后，也不想这方面的事情，

学校硬件设施自然就比其他学校落后。

以 A6YQL 校长为例，A6YQL 校长喜欢上多媒体课，也积极为教师创建信息技术使用条件，A6YQL 校长虽然年龄在 45 岁以上，但是为了保障学校信息化正常运行自学了计算机维护技术，他自己就可以完成计算机的软、硬件维护，敢于让教师大胆使用信息技术，正如 A6YQL 校长所说：

> 有些校长自己对计算机不懂，他就不让老师动计算机，因为坏了没人修。我就不是这样，教师放心动、放心用，用坏了我给他们修。计算机硬件一般不会坏，主要是软件的问题，软件有问题时，我自己就能处理。

再以 HX 小学 L 校长为例，L 校长的教育观念超前，喜欢上多媒体课，所以他积极创造 HX 小学的信息化条件，正如 A1Y 老师所说：

> L 校长喜欢多媒体教学，学校经费再紧张也尽量实现班班都能用多媒体，这样上课直观、形象，课堂教学效果好。

L 校长先是通过六一儿童节举办捐款活动，筹资购买了 12 台计算机，建成了 A 学区小学里唯一的计算机教室，后来因为经费问题计算机教室撤销，但是 L 校长利用保留的 3 台计算机为 3 个班级建成多媒体教学系统，同时学校也有"农远工程"模式二，所以 HX 小学也是 A 学区小学里面最早接入互联网的学校。这里再补充 L 校长建设"班班通"的方式，HX 小学共有 4 台计算机，"农远工程"模式二教室 1 台，两个班级的多媒体教学各 1 台，还有 1 台计算机在办公室，为了让办公室的计算机也用于班级的多媒体教学，L 校长利用网线穿了好几堵墙将鼠标线、音频线、视频线等延长接入教室与电视机以此组成多媒体教学系统，教师在教室里就可以操作办公室的计算机上多媒体课。从 L 校长的信息化领导行为中可以看出，L 校长有着积极的信息化意识，同时个人的信息化教学能力较强，L 校长也具有较高的信息化规划能力。综合而言，L 校长能够通过个人影响力及校长权力积极影响教师的信息技术应用。

再以 A 小学 A5YQY 校长为例，A5YQY 校长认识到信息化的重要性，所以积极推动学校信息化发展，由于认识到"农村孩子接触不到网络，接触不到计算机，上课的时候总是老师在表演"，A5YQY 校长积极推动学生阅览室建设，让学生能够查阅资料从而改变填鸭式教学。由于认识到"多媒体教学对课改很有好处，教学中用起来很方便，更重要的是多媒体教学能够丰富学生思维，每节课介入面广、知识量也多",并且考虑到学校 19 个班级共用 1 个电子白板教室造成"这节课排到我的白板课,但是这节课却不适合用多媒体教学"等弊端,A 小学"现在实行班班通,每个教室都配备多媒体,目的就是该用多媒体的时候就用"。

2. 影响教师信息化教学积极性

校长如果有积极的信息化认识,就会利用校长权力及个人影响力影响教师信息化教学积极性,比如校长在多种场合提倡和鼓励教师上多媒体课、校长将多媒体课纳入教师考核、校长在日常教学中带头上多媒体课,正如以下几位访谈对象所说:

> 校长过问的次数多,老师也就重视了,得做课件上多媒体课。校长不过问,有些老师就想着做课件太麻烦,眼睛也疼得很,老师也就不用课件了。
>
> —— AHYC 老师

> 课件有时候用起来比较麻烦,还需要教师积累学习过程的经验。如果校长觉得课件可用可不用、这种手段可有可无,老师们有时候也就不愿意去学习、去使用,因为比较麻烦,尤其是老师操作起来不是很熟练,还是觉得靠自己三寸不烂之舌照样能上课,有了这种思想,这种好的教学手段就进不了课堂。所以,领导的理念直接关系到学校的教学质量。
>
> —— A2ZY 老师

> 教师用还是不用课件,作为校长,你要引导,你要要求教导处把这项工作做好,要把培训目标做好,并且把教师的课件使用监督起来。教师每个月都要进行考核,没有上多媒体课的,考核的时候就要扣分。每学期下来要根据考核情况决定教师的绩效工资,教师用的课件多,最后拿到的钱也就多,教师不用课件的话,就影响教师考核的那部分工资。
>
> —— A1YY 校长

> 校长重视多媒体课的话,教师就认真对待这件事情,每节多媒体课就得认真准备,多媒体课也上得实在。校长要是不重视多媒体课,教师没上多媒体课,本本(多媒体课授课记录表)拿过来填上就行了。
>
> —— A3L 老师

学校教师少，你上没上多媒体课校长都知道。你要是没上多媒体课，考核就扣分。这周两节多媒体课没上，减两分还是减四分，真正地给你减掉，教师看重这个，校长也能监控到。

——A2D 老师

3. 影响教师信息化教学能力

如果校长有积极的信息化认识，除了改善学校的信息化条件，鼓励教师在教学中使用信息技术，校长也会积极组织学校的信息技术培训提高教师的信息技术操作能力，组织信息化教研活动帮助教师掌握信息化教学策略。A3G 校长在访谈中就谈到自己组织教研活动、帮助教师解决信息化教学策略方面的问题，正如 A3G 校长所说：

我当校长的时候，为了让老师在日常教学中应用好信息技术，尤其是为了解决教学中如何使用信息技术的教学策略问题，我们学校定期组织研讨，帮助教师提高信息化教学水平。

（四）A3ZS 校长信息化领导力及领导行为分析

A3ZS 校长，男，2001—2010 年担任 GM 小学校长。

从学生家长反映及对 A3ZS 校长教学经历的分析，A3ZS 校长信息化教学能力较强。从 A3ZS 校长制作的高质量信息化作品、访谈中谈到的丰富的信息化教学经历可以判定，A3ZS 校长信息技术及信息化教学水平较高。比如 A3ZS 校长谈道：

数学课上，需要带动学生思维的地方比较多，比如讲长方体表面积，我可以在计算机上制作一个长方体，然后把那些面揭开，向上揭开，向下揭开，向左揭开，向右揭开，学生就容易理解长方体表面积。

A3ZS 校长能够认识到信息化的积极作用，积极鼓励和支持教师在教学中应用信息技术，正如 A3ZS 校长所说：

肯定支持教师上多媒体课。第一，鼓励教师参加培训；第二，想尽办法给教师提供一些资源，从别的有远程教育资源的学校刻录资源。我买了这么厚的光盘，买上光盘之后，我就到各个有远程教育的学校亲自去刻录，从他们那刻录资源，然后存到我们的计算机里，老师打开用就行了。

2007 年 GM 小学配备了"农远工程"模式二，考虑到年轻教师担任远程教育管理员调动频繁，A3ZS 校长自己负责远程教育管理工作，正如 A3ZS 校长所说：

> 年轻教师待一年时间就走掉了，又得配新的年轻教师，待一年，又走掉了。到 2007 年模式二配上之后，我就直接参加甘肃省远程教育项目培训去了，培训完以后，我就直接管理，接收资源，发软件，发资源，全是我做了。

A3ZS 校长积极投入学校信息化建设，由于学校公用经费紧张，A3ZS 校长主要通过各方资源筹建 GM 小学的信息化。2002 年，A3ZS 校长与 GM 村工程队取得联系，工程队为 GM 小学购买了一台二手计算机。

2003 年，A3ZS 校长又通过其他方式为学校购买了教学用的计算机。接着，利用教育局拨款的 3500 元，加上从学校公用经费拿出 3000 元，GM 小学购买了多媒体教学用的计算机。

2005 年 A3ZS 校长又为 GM 小学接入了互联网，正如 A3ZS 校长所说：

> 上网费一年 800 元，但是我们还是没钱上网，我就购买了一个限时的上网卡，20 元上 15 个小时，那个网络叫作步步高，一年花了 500 多元。

从 GM 小学信息化发展历程分析，校长对学校教育信息化发展发挥着关键作用，正如 A3ZS 校长所说："一所学校，校长热衷于哪个方面，这个学校就在哪个方面有特色。"从 A3ZS 校长信息化领导行为中可以看出，学校公用经费影响学校信息化发展，GM 小学信息化投入主要依靠 A3ZS 校长积极利用社会关系和精打细算，也可以看出学校信息化人才稀缺。为了解决这一问题，A3ZS 校长自己肩负起远程教育管理工作。

校长信息化领导力对信息技术应用的影响是全面的。校长信息化领导力影响学校信息化基础设施和硬件条件、教师信息化教学能力、学校信息化教学开展情况等。校长的创造信息化条件、督促教师应用信息技术等领导行为，帮助教师迈出信息化教学第一步，为教师后续的信息化教学能力发展奠定基础。农村校长信息化领导力主要体现在加强学校信息化基础设施建设和保障信息化正常运行，比如多媒体教室冬天能不能取暖的问题。从某种意义上讲，农村校长信息化领导力异化为校长信息化条件创造能力，这种现象说明农村学校信息化条件还很不完善。

农村校长在指导教师信息化教学方面所做的工作很少，即使有也仅仅是提倡和要求教师上多媒体课或组织教师的信息技术培训。其背后的原因是校长行政事务繁重，担任教学工作较少或不担任教学工作，对于信息化教学的研究也较少，一些校长信息化教学能力也较差，导致校长指导信息化教学相对被动，正如W馆长所说：

> 还有一个担忧，目前来讲我们的许多校长对现代教育技术在教学中的应用，对现代教育技术如何推进课改、提高学生素质方面的研究还不尽如人意，还不能像我这样重视这个问题。

四、学校的信息化人才

从对教师、校长的访谈及笔者的观察分析，远程教育管理员、电教主任等角色对教师的信息技术应用有影响，影响的途径包括信息化教学的管理、卫星教学资源的接收、教师信息技术培训、信息化设备运行维护等。远程教育管理员、电教主任等角色除了担负规定的职责外，也是教师日常技术应用过程中克服技术困难的求助对象，但这种技术帮助是出于私人关系。

学校规模不同，学校的信息化岗位也不同。比如 A 小学有信息中心负责学校的信息化建设和运行维护，有专职的信息中心工作人员。B 小学没有信息中心或电教中心，学校信息化建设和运行维护工作由一位信息技术水平较高的教师兼职。A 学区的 HZ 等小学的信息化设备也就是 2 台计算机，学校的信息化运行维护由远程教育管理员或者学校里信息技术水平较高的教师或校长维护。

这里将负责学校信息化硬件设备建设、运行维护、信息技术培训等工作的教师称为学校的信息化人才，此外学校里边信息技术水平较高的教师也称为学校的信息化人才。从信息化人才的配备分析，上级教育部门并不一定给农村小学分配信息技术或者教育技术专业人才，因此农村学校的信息化人才相对稀缺。农村学校的信息化人才基本是出于个人兴趣自学信息技术成才的普通教师。

这里列举教师和校长对信息化人才重要性的看法。比如 A5C 老师谈到电教人员对教师信息技术能力发展的重要性：

> 挺有影响的，从事信息技术工作的老师，他的技术要是强的话，他可能会带动学校里其他老师的信息技术能力的发展。他要是一般的话，整个学校的老师都处于摸索的过程，老师的信息技术能力发展就比较慢。

比如 AHYC 老师谈到远程教育管理人员对他从事信息化教学的重要性：

> 我在 HX 小学的时候，请教 A1Y 老师最多，刚开始的时候我连复制都不会，往 U 盘上存都不会。我记得 A1Y 老师还要跑到我家给我存，我再拿到学校去用，反正存了一段时间我就会了。还有平时上电教课有时候图片放不出来，我也经常请教年轻人。

比如 A5YQY 校长谈到信息化人才对学校信息化建设的重要性：

> 其他学校无盘工作站都已经淘汰了，但是我们学校这种微机还能用。前一段时间我联系 ×× 中学，从他们淘汰的微机上把 10G 的硬盘拆下来，由 A1ZJ 老师和 A5D 主任给我们的无盘工作站挂了 10G 的硬盘。这样的话我们的计算机最起码播放课件不存在问题，还可以为教学服务，如果我们没有这方面的人才，电教主任不是 A1ZJ 老师，这东西就报废了。

比如电教主任 A1ZJ 谈到电教人员对教师信息化教学和信息技术能力发展的重要性：

> 上课互相听课时，他看到你用，他就想学。还有平时学校培训，如果信息技术能力强了，培训的内容就多一些，教师听的内容也就多一些。如果你什么都不会，培训别人，别人也什么都不会。电教人员肯定会影响学校老师的信息技术能力。

五、综合影响机制模型及关键影响因素

（一）教学资源的讨论

从 A 小学和 B 小学教师的信息化教学分析，教师通过互联网下载就可以获取课堂教学中所需要的课件等教学资源，也就是说，教学资源对信息化教学的影响转化为信息化网络基础设施对信息化教学的影响。

（二）中观层面因素综合作用机制

中观层面影响因素综合作用机制模型如图 4-3 所示，图中的信息化设施设备包括信息化硬件设备和网络基础设施。校长通过学校的信息化人才和学校公用经费影响学校信息化建设及运行，进而影响信息技术在教学中的应用，校长还可以从社会寻求信息化帮助直接加强学校信息化建设，校长也可以安排信息化人才为教师提供信息技术培训，进而影响教师信息技术操作技能。校长可以通过考核、鼓励和示范等手段直接推动教师在教学中应用信息技术。学校的信息化人才和公用经费影响校长在信息化建设和运行方面的决策和领导行为。学校公用经费和学校的信息化人才影响信息化建设和运行，进而影响信息技术在教学中的应用。信息化人才为教师提供的信息技术培训质量影响教师的信息技术操作技能，进而影响信息技术在教学中的应用。教师在信息技术应用过程中也通过私人关系寻求信息化人才的技术帮助。

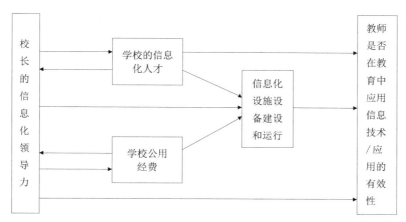

图 4-3　中观层面影响因素的综合作用机制模型

（三）中观层面的关键因素

通过对中观层面因素作用机制的分析，结合信息技术应用的现状，中观层面的关键因素是学校的信息化硬件设备和校长的信息化领导力。在校长的信息化领导力中校长信息化认识是核心因素。

六、中观因素对微观因素的综合作用机制模型

中观层面因素对微观层面因素的作用机制模型如图4-4所示。学校硬件设备影响教师信息化教学能力，如果学校的信息化设备充足和使用方便，那么教师就可以获得更多的设备使用机会，进而巩固和提高自身的信息化教学能力。学校信息化人才提供的培训质量影响教师的信息化教学能力，学校的信息化人才给教师提供的私人性质的技术帮助也影响教师的信息化教学能力，学校的信息化人才对学校硬件设备的管理和维护程度也影响教师的信息技术应用，进而影响教师的信息化教学能力。学校的信息化硬件条件影响信息技术课教学，进而影响学生信息素养。学校信息化人才中信息技术科目教师的教学水平影响学生的信息素养。校长通过学校硬件设备和学校信息化人才影响教师信息化教学能力和学生信息素养，通过推广新教学理念和教学方法转变教师教学理念。

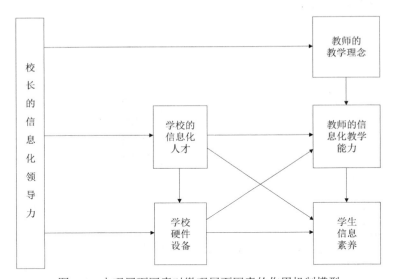

图 4-4　中观层面因素对微观层面因素的作用机制模型

小结

基于本书调查或可得出以下结论。

1）从教育信息化的要素分析，信息化教学资源直接影响教师信息技术应

用。一些教师也谈到"农远工程"实施前缺乏信息化教学资源的问题，说明信息化教学资源确实影响教师的信息技术应用。但是，信息化教学资源已经融入信息化网络基础设施建设之中，也就是农村学校只要接入互联网，就可以满足信息化教学对教学资源的需要。本书认为，信息化教学资源基本上并不阻碍农村教师的信息技术应用。主要原因有：①国家和各级教育部门等建设了一批信息化教学资源库，比如"农远工程"教学资源库、"教学点数字教育全覆盖"项目提供的教学资源，以及地方教育部门建设的教学资源库，这些教学资源一定程度上可以满足农村教师的信息化教学需要。②随着国家信息化的发展，互联网上出现了很多免费的教学资源，比如百度文库中的 PPT 课件。这些教学资源相对丰富，教师选择机会也多，这些资源由于本土化特点更受教师欢迎。③农村学校信息化硬件条件差，教师很少获得信息化教学机会，对信息化教学资源的需求相对较弱。相对于获取硬件条件，教师获取教学资源更容易，有正式编制的农村教师在农村地区个人经济条件也不差，绝大部分农村教师也住在县城，家中具备宽带互联网接入条件，很容易通过互联网获取教学资源。另外，教师也可以在学校通过互联网和卫星网络获取信息化教学资源。④总体而言，农村教育信息化落后于城市教育信息化，城市教育信息化先行先试为农村中小学积累了一定的教学资源。通过互联网等途径，农村教师可以获取这类教学资源。⑤信息化教学资源具有的共享性、易于扩散、低边际成本等特点，决定了教学资源相对硬件设备易于获取。

2）信息化硬件设备对信息化教学支持不足是阻碍农村教师信息技术应用的直接因素，也是基础性因素。农村学校信息化硬件设备的建设、更新、运行和维护一直存在困难。

3）本书中的信息化人才包括技术支持服务型人才和信息化教学型人才。技术支持服务型人才是指农村学校里信息技术水平较高的教师，这类教师能够帮助其他教师解决日常教学中出现的技术问题。信息化教学型人才是指能够成功地设计和实施信息化教学，也就是掌握技术应用教学法和课堂管理技巧。这两类教师有些是统一的，有些则不一定统一。也就是说，有的教师不仅信息技术能力强，而且信息化教学法出色。有的教师信息技术能力较强，但信息化教学法相对平庸。有的教师信息技术水平一般，但信息化教学法却很出色。这几类教师都呈现本土化成长特点，这些教师成功的主要原因都是自身对计算机感兴趣，或出于教学责任感等积极探索信息技术应用，在不断的学习和实践中逐渐成长起来。

4）在校长信息化领导力中校长的信息化认识是核心要素。经过多年的农村中小学教育信息化推动工作，无论是政策宣传的结果，还是校长个人信息化教学的实际体会，中小学校长大多认识到学校信息化的必要性和重要性。在校长个人信息化能力发展方面，一些校长担任教学工作少，缺少在信息化教学实践中体会信息技术价值的机会。单纯的政策宣传和校长培训推动的校长信息化领导力还不足以让校长有效地推动学校信息化工作，校长通过个人信息化教学实践形成的能力和认识更有助于推动学校信息化工作。在校长信息化行动方面，2004 年之前，校长可以通过收取信息技术上机费及勤工俭学等筹建学校信息化工作，校长在学校信息化行动方面相对容易。2004 年之后，随着中小学教育收费制度改革，学校通过向学生收取上机费及组织勤工俭学等筹建学校信息化的渠道已不复存在，而转变为主要通过向上级部门、企事业单位、社会等争取扶持和捐赠以筹建学校信息化。考虑到信息化硬件设备是阻碍农村学校教育信息化发展的基础性因素，因此，校长的信息化硬件设备筹建能力格外重要。将 A 小学校长和 B 小学校长进行对比发现，A 小学校长在信息化认识、个人信息化能力、信息化规划能力等方面都比 B 小学校长好。但 B 小学校长在争取信息化项目方面能力较强，因此 B 小学的信息化硬件条件较好。

第四节　宏观层面影响因素及作用机制模型

一、教育政策

（一）新课程改革的要求

新课程改革是信息技术在教育领域应用的大背景，从 A 学区和 B 学区的信息技术应用分析，A 学区和 B 学区信息技术在教学中的应用基本上开始于 2002

年，而《基础教育课程改革纲要（试行）》于 2001 年 6 月颁布。从新课程改革的角度理解，信息技术是为新课程改革服务，反过来新课程改革指导信息技术在教学中的应用。

2001 年颁布的《基础教育课程改革纲要（试行）》第 11 条规定，"大力推进信息技术在教学过程中的普遍应用，促进信息技术与学科课程的整合，逐步实现教学内容的呈现方式、学生的学习方式、教师的教学方式和师生互动方式的变革，充分发挥信息技术的优势，为学生的学习和发展提供丰富多彩的教育环境和有力的学习工具"[①]。从《基础教育课程改革纲要（试行）》中可以看出，新课程改革明确要求推进信息技术在教学中的普遍应用，并对信息技术的应用方式和目的做了要求。HM 小学于 2002 年购置了计算机和电视机开展多媒体教学的原因，就是学校的新课程改革实验班要求上多媒体课。教师在访谈中也谈到参加的新课程改革培训要求教师在教学中应用信息技术。

新课程改革对课堂教学方式、教师教学理念等都提出了具体的要求。新课程改革要求教师的教学理念是以学生为主体、以教师为主导，充分发挥学生学习的积极性和主动性，要求教学方式是合作式、探究式教学。新课程改革对教师教学理念和教学方式的要求都对信息技术应用产生积极影响，正如以下两位老师对新课程改革的理解：

> 新课程改革首先改变教材，然后改变教师的上课方式和教学观念，由传统一支粉笔一本书，机械式、填鸭式的教学方式变成现在的情景引入、谈话引入，先自学、后引导的教学方式。
>
> —— A1ZJ 老师
>
> 新课程改革理念要求教学中发挥教学民主，学生为主体、教师为主导，强调师生互动、生生互动，老师在教学中起引导学生学习的作用。
>
> —— A2YY 老师

新课程改革要求在教学中应用信息技术，尤其是要求将信息技术作为学生的学习工具，但是受到农村学校和学生家庭条件限制，学生查阅资料活动很难实现。

---

① 中华人民共和国教育部 . 基础教育课程改革纲要（试行）. http://old.moe.gov.cn/publicfiles/business/html-files/moe/moe_309/200412/4672.html.（2001-06-08）[2018-09-10].

让学生查资料，学生到哪儿查？学校图书室又没钱配图书，哪儿有资料？农村孩子到哪儿查资料？让学生上网吧，农村哪儿有上网的地方？学生家里面也没有计算机。图书室有一些老书，后来又添置了一些新书，书价钱比较贵，学校也没钱，买上十几本充个数。

—— A5YJ 老师

生本教育刚开始的时候，我还信心百倍地想搞好，因为我觉得这种思想很好。但是实施起来觉得困难重重，因为我们面对的毕竟是农村孩子，农村孩子家里没有计算机，有了计算机才可以在网上收集资料，生本教育就是让大部分同学去搜集资料，搜来资料后在课堂上展示，没有计算机到哪儿去搜集资料？所以这就是生本教育在我们这里进行不下去的原因。

—— BYJ 老师

（二）教育信息化政策

近年来，党和国家及教育主管部门相继出台了诸多对我国教育事业发展发挥重要导向作用的政策法规，这些政策法规中有很多与教育信息化相关。2000年后，先后出台的重要教育信息化政策有《教育部关于在中小学普及信息技术教育的通知》《国务院关于基础教育改革与发展的决定》《农村中小学现代远程教育工程试点工作方案》《2003—2007年教育振兴行动计划》《教育部关于启动实施全国中小学教师教育技术能力建设计划的通知》《国家教育事业发展"十一五"规划纲要》《国家中长期教育改革和发展规划纲要（2010—2020年）》《教育信息化十年发展规划（2011—2020年）》等。下面主要阐述与农村教育信息化相关的一些政策。

2003年，《国务院关于进一步加强农村教育工作的决定》发布，第七部分是"实施农村中小学现代远程教育工程，促进城乡优质教育资源共享，提高农村教育质量和效益"，内容包括"实施农村中小学现代远程教育工程要按照'总体规划、先行试点、重点突破、分步实施'的原则推进。在2003年继续试点工作的基础上，争取用五年左右时间，使农村初中基本具备计算机教室，农村小学基本具备卫星教学收视点，农村小学教学点具备教学光盘播放设备和成套教学光盘。工程投入要以地方为主，多渠道筹集经费，中央对中西部地区给予适当扶持"等[①]。2010 年国务院印发的《国家中长期教育改革和发展规划纲要（2010—2020 年)》指出，"重点加强农村学校信息基础建设，缩小城乡数字化差距"，"继续推进农村中小学远程教育，使农村和边远地区师生能够享受优质教育资源"[②]。2012 年教育部发布的《教育信息化十年发展规划（2011—2020 年)》第四章"缩小基础教育数字鸿沟，促进优质教育资源共享"指出，"重点支持农村地区、边远贫困地区、民族地区的学校信息化和公共服务体系建设。努力缩小地区之间、城乡之间和学校之间的数字化差距"[③]。2012 年 9 月，全国教育信息化工作电视电话会议上刘延东强调，"把农村和边远地区作为重点优先保障，通过资源倾斜等方式，加快缩小城乡、区域、校际间学生的'数字差距'"[④]，会议还启动了教育信息化"三通两平台"的建设。

农村教育信息化相关政策的出台直接指导了农村教育信息化相关项目的实施，对加快农村教育信息化发展、缩小城乡教育信息化差距发挥了重要作用。2002 年，"李嘉诚项目"实施；2003 年，"农远工程"实施；2011 年，"农村薄弱学校改造项目"启动；2013 年，"教学点数字教育资源全覆盖项目"实施。农村教育信息化项目得到农村教师和校长的积极评价，A5YQY 校长说：

> "农远工程"是个好事情，是为了推进农村教育信息化发展。这个工作把农村学校信息化进程加快了好多，现在我们学校计算机教室用的计算机多半是这个项目配的。

（三）农村学校公用经费政策

从农村中小学公用经费支出管理办法相关文件可以得出，农村学校信息化

---

① 中华人民共和国国务院.国务院关于进一步加强农村教育工作的决定. http://www.gov.cn/zhengce/content/2008-03/28/content_5747.htm.（2003-09-17）[2018-09-10].

② 中华人民共和国教育部.国家中长期教育改革和发展规划纲要（2010—2020 年). http://old.moe.gov.cn/publicfiles/business/htmlfiles/moe/info_list/201407/xxgk_171904.html.（2010-07-29）[2018-09-10].

③ 中华人民共和国教育部.教育信息化十年发展规划（2011—2020 年). http://old.moe.gov.cn//publicfiles/business/htmlfiles/moe/s3342/201203/133322.html.（2012-03-13）[2018-09-10].

④ 刘延东.把握机遇，加快推进，开创教育信息化工作新局面——在全国教育信息化工作电视电话会议上的讲话. http://www.moe.edu.cn/publicfiles/business/htmlfiles/moe/s3342/201211/144240.html.（2012-09-05）[2018-09-10].

建设、运行和维护可以从学校公用经费中支出，属于公用经费支出中的仪器设备购买、仪器设备日常维修维护、电费、教师培训等[①]。从 A 学区和 B 学区的信息化发展分析，学校公用经费政策影响学校信息化发展。2002 年之前，农村学校可以通过举办学生家长捐款活动等筹集信息化建设经费。2002 年，农村地区税费改革覆盖了全国 20 个省级行政区（包括甘肃省），农村教育费附加和教育集资取消[②]，通过举办学生家长捐款活动筹集信息化建设经费从政策上讲不太适宜。2006 年，随着国家相继取消农业税，以及 2006 年率先在西部地区推行"农村义务教育经费保障新机制"，农村学校通过举办学生家长捐款活动筹集信息化建设经费基本行不通。2004 年之前，农村学校可以向学生收取学杂费，通过学杂费政策收取信息技术教育费，用以建设计算机教室，比如，B 小学 2001 年就是依靠收取信息技术教育费建起 B 县农村学校第一个计算机教室。2004 年，全国义务教育阶段从秋季入学推行"一费制"[③]（甘肃省从 2005 年春季入学全面推行义务教育"一费制"[④]），虽然"一费制"里包含信息技术教育费，但是，与之前的学杂费收费标准相比"一费制"收费标准偏低，农村学校保障经费不增反减，导致学校正常运转都很困难，更谈不上投入信息化建设。也就是说"一费制"虽然含有信息技术教育费，但是由于"一费制"总体标准偏低，"一费制"中的信息技术教育费显然被首先用于弥补学校正常运转的基本需求，而涉及信息技术课程教学等信息化发展性需求自然会被迫放弃，HX 小学当时建成的计算机教室就是因为学校公用经费紧张，计算机教室的计算机被迫卖给教师等。"一费制"的实行阻断了学校通过向学生收费支持学校信息化发展的渠道。

2005 年 12 月，《国务院关于深化农村义务教育经费保障机制改革的通知》[⑤]出台，推行农村义务教育经费保障新机制，将农村义务教育公用经费纳入县级财

---

① 中华人民共和国国财政部和教育部.财政部、教育部关于印发《农村中小学公用经费支出管理暂行办法》的通知. http://jkw.mof.gov.cn/czzxzyzf/201108/t20110822_588180.html.（2006-01-19）[2018-09-10].

② 高如峰.2004.中国农村义务教育财政体制的实证分析.教育研究，（5）：3-10.

③ 中国广播网.义务教育"一费制".http://news.sina.com.cn/c/2004-07-15/11023092982s.shtml.（2004-07-15）[2018-09-10].

④ 甘肃日报.让教育"一费制"走好.http://gsrb.gansudaily.com.cn/system/2005/04/01/000178545.shtml.（2005-04-01）[2018-09-10].

⑤ 中华人民共和国中央人民政府.国务院关于深化农村义务教育经费保障机制改革的通知.http://www.gov.cn/gongbao/content/2006/content_185157.htm.（2005-12-24）[2018-09-10].

政预算，西部农村地区从 2006 年春季开始实施。实施初期，对农村学校公用经费的拨款标准以"一费制"为基础，农村学校的信息化运行维护仍然比较困难。农村义务教育经费保障新机制实施之后，国家逐年提高义务教育公用经费基准定额，2014 年，农村义务教育阶段学校普通学生年生均公用经费基准定额达到年生均中西部小学 600 元、初中 800 元①。虽然农村义务教育经费保障新机制将农村学校公用经费纳入财政预算，但是公用经费对学校信息化的支持主要体现在维持信息化正常运转，购置信息化教学设备的情况很少，即使有也主要是购置办公计算机、打印机、复印机等信息化办公设备，基本上不太可能购置信息化教学设备和学生使用的信息化设备。对于农村教学点而言，由于按学生人数拨付公用经费，一些规模较小的教学点仍然存在公用经费紧张的问题，更谈不上信息化投入。2010 年起，义务教育阶段学校公用经费拨付开始对学生规模不足 100 人的村小学和教学点按 100 人核定公用经费，但是笔者从 B 学区了解到的情况是，不足 100 人的学校并没有按 100 人核定公用经费。对于农村寄宿制学校而言，现有国家公用经费标准并没有考虑寄宿制学校，从 A 县情况分析，寄宿制学校的生均公用经费标准并没有比非寄宿制学校生均公用经费标准提高，寄宿制学校拨付的公用经费维持学校正常运转都存在很大困难，更谈不上支持学校信息化建设和发展。

从 A 学区情况分析，学生勤工俭学政策的变化影响到农村学校的信息化发展。2007 年之前，A 学区有学生勤工俭学政策，学校可以通过组织学生勤工俭学筹集信息化建设经费，A 中学就是依靠学生勤工俭学收入于 2000 年建成 A 县农村学校第一个计算机教室，同时购置了 11 台教师备课计算机。A 学区 HSG 等小学也用学生勤工俭学收入购置电化教学设备，以及学校办公和教学用的计算机等。2007 年之后，A 学区的学生勤工俭学政策逐渐被取消，尤其是小学阶段严禁组织学生勤工俭学，农村学校依靠学生勤工俭学的收入投入信息化建设的渠道基本被阻断。

教育政策规范了农村中小学的教育信息化建设和应用，从宏观层面影响教师的信息技术应用。教育政策通过影响教育信息化投入、地方教育部门的信息化

① 人民网.中央财政下达农村义务教育经费保障机制资金 878.97 亿元.http://finance.people.com.cn/n/2014/0606/c1004-25115326.html.（2014-06-06）[2018-09-10].

推动工作间接影响农村学校信息化发展。新课程改革推动了农村教育信息化发展，也为信息技术应用提供了理论指导；反过来，信息技术在新课程改革中发挥了关键作用，既是教师有力的教学工具，也是学生有力的学习工具。

二、上级教育部门的推动

通过对教师、校长、学区主任和电教馆长资料的分析，结合教师的信息技术应用案例和学校信息化实践案例，以及 A 县和 B 县教育信息化发展案例，可以归纳出上级部门对教育信息化的推动作用也是影响教师信息技术应用的影响因素。这里的上级部门指县级以上教育部门。

在对收集的资料归纳的基础上，结合案例分析及案例之间的比较，可以归纳出上级部门推动信息技术应用的途径有组织和管理教师和校长的培训、监督和指导学校信息化教学、监督和指导学校信息化建设和运行。

（一）组织和管理教师、校长的培训

上级教育部门组织的培训包括国家、省、市、县各级信息技术和教育技术培训。上级部门管理的培训是指管理学校（学区）的信息技术和教育技术培训。

1. 上级部门组织的培训

上级部门组织培训为信息技术应用提供了人力保障，对教师的信息技术操作能力的提升发挥了起步作用。教师通过培训初步认识了信息化硬件设备和软件，掌握了信息技术的基本操作技能，能够在教学中简单应用信息技术，并在实践中不断巩固和发展信息技术操作能力和应用能力。以 A 县为例，A 县电教部门 2000—2002 年对全县的中小学教师进行了信息技术培训。通过培训，教师认识了计算机，掌握了计算机的基本操作，开始在教育教学中应用信息技术。比如 A2ZY 老师通过培训第一次接触计算机，参加培训后 A2ZY 老师就开始在教学中应用课件，正如 A2ZY 老师所说：

> 2002 年我开始接触计算机，我记得是 2002 年 6 月 25 日（A 县电教馆组织的教师信息技术培训），那时候我第一次摸鼠标。然后 2002 年 9 月份开学时，学校购置了一台计算机，我正好带的课改实验班，学校要求老师

一周至少上两节多媒体课，我就自己做课件上多媒体课，幻灯片中的每一个字都是自己打上去的，每一张图片都是自己设计的。

从 2001 年开始，A 县的教育部门推广教育管理信息化，要求各个学校报送电子版材料，A 县农村教师正是因为参加了电教馆组织的培训，掌握了基础的信息技术操作技能，才能完成上级部门要求的电子备课和办公等。

校长的信息技术和教育技术培训与教师的培训在内容上有所不同，校长的信息技术和教育技术培训侧重的是观念的转变。通过参加培训，校长的信息化观念转变之后才能重视学校信息化发展，正如 A5YQY 校长所说：

培训的时候它从认识上转变人的观念，我们就是通过培训认识到信息化重要性，然后才全力以赴去做这件事情。

2. 上级部门管理的培训

除了上级部门组织的培训，上级部门也要求各个学区和学校组织本学区和学校的信息技术相关培训，由于学区和学校组织的培训所有教师都能参加而且培训内容针对性较强，教师学到的技能可以很快地被应用到实践中。A 学区多次组织学区所有教师的信息技术培训，其中就包括 Flash 课件培训，接受过学区 Flash 课件制作培训的教师开始在教学中应用 Flash 课件。从笔者收集的 A 中学的 FLASH 课件分析，A 中学教师制作的 Flash 课件质量较高，一些教师还在国家级、省市级课件比赛中获过奖，A 学区的一些教师也有制作 Flash 课件的经历。A 学区的教师也谈到上级部门要求学校组织校本培训，HZ 等小学的校本培训是一周组织一次，由本校远程教育管理员负责教师的信息技术培训，一些教师认为校本培训效果更好。由于校本培训针对的是本校教师在信息化实践中遇到的真实问题，培训的信息技术技能可以很快被应用到教学实践中。

（二）监督和指导学校的信息化教学

从 A 学区教师的信息技术应用经历分析，许多教师谈到自己一周上 1～2 节多媒体课。从学生的访谈数据也可以看出，教师一周去光盘播放室或多媒体教室上 1～2 次多媒体课。A 学区教师一周上 1～2 次多媒体课的一个重要原因是上级部门对"农远工程"教学应用有明确要求，并纳入教师考核体系，俗称目标管理责任书制度，正如以下两位访谈对象所说：

> 教育局和学区签订责任书，学区又和下面的学校签订责任书，上面检查的时候到各个学区看信息化使用情况。教育局检查完以后，学区会组织一些人检查下面学校的信息化使用情况。
>
> —— A1YY 校长

> 用的情况还是很好的、令人满意的，东西都被用烂了，不是放烂的，那时候就是强制用，制定考核标准，一周用几次、用多少小时都有硬性指标。有人专门记录、考核，每个学校都要考核，完不成的当年考核就受影响，业务考核就受影响。我们教育局去各个学校考核，不停地巡视检查。
>
> —— W 馆长

A 学区上级部门通过目标管理责任书制度管理学校的信息技术应用，直接推动了教师在教学中应用信息技术。如以下几位访谈对象所说：

> 都用着了，因为上面那时候刚把设备分配下来，检查也比较勤，所以我们也不敢敷衍了事，确实是实打实地用着了。
>
> —— A1L 老师

> 不能用得少，因为签订了目标管理责任书，教育局检查的时候还要调查学生。
>
> —— HYC 校长

> 做样子也得用一次。
>
> —— A1YY 校长

> 就是准备不充分、课件做得不好，也得去多媒体教室上课。
>
> —— A4LS 校长

除了通过目标管理责任书制度考核教师的信息技术使用，公开课教学中要求应用信息技术也促进了教师的信息技术应用，正如 Y 馆长所说：

> 现在不管是全国性的、全省的、市级的、县级的，还是校级的各类公开课评选活动，如果不用课件，基本没戏。

上级教育部门除了监督信息技术的教学应用，也指导教师的信息化教学。在 A 学区调研期间，笔者在 A 小学见过 W 馆长向学校领导和教师介绍计算机教室不仅可以上信息技术课，也可以上网络环境下的语文课。W 馆长也谈到他通过示范教学带动教师在教学中应用信息技术。

（三）监督和指导学校的信息化建设和运行

上级教育部门也负责监督和指导学校的信息化基础设施建设、信息化正常运行和信息化队伍配备等，从而保障信息技术应用的条件。学校信息化条件得到保障，教师才能谈到应用信息技术。以 BSWH 老师为例，BSWH 老师喜欢在教学中用课件，但是在 2007 年前几乎没有上过多媒体课，原因是 BSWH 老师 2007 年前所在学校没有多媒体教室，这从另一个方面反映了上级教育部门对学校信息化建设和运行监管的不到位。下面通过案例说明上级部门对教师信息技术应用的影响。

A 学区的教师、学生和校长都提到教育布局调整前的各小学有光盘播放室和多媒体教室，而各个学校有多媒体教室等基础设施是上级教育部门明确要求的。每学期 A 县教育部门都会检查各个学校信息化硬件设备是否正常运行。从 A 学区教师多媒体教学经历分析，除了个别学校受取暖、设备故障的影响外，大部分学校能保障信息化设备正常运行。

A 县教育部门的远程教育管理制度规定"农远工程"项目学校都要有固定的远程教育管理员，负责卫星资源接收、教师培训、信息化教学考核等工作，2007 年之后远程教育管理员由教导主任兼任。A 县教育局也规定学校成立教育信息化领导小组，组长必须是学校校长。地方教育部门让一把手担任教育信息化领导小组组长的目的是，"要把信息化教育放到重要位置。让一把手负责，就是要推动信息化教育。因为这个事情如果校长不上心，工作就没法开展"。

A 小学六边形计算机桌的故事说明了上级部门对学校信息化建设的指导作用。2012 年地方政府为 A 小学配备了学生计算机，同时配备有电脑桌，A 小学原计划是按传统方式建设计算机教室，A 县电教馆 W 馆长建议将计算机教室建成小组合作型，制作 8 张六边形电脑桌，每张电脑桌放置 6 台计算机，建成小组合作型计算机教室。A 小学领导采纳了 W 馆长六边形计算机桌的建议，学校组织多名教职工利用废弃的暖气管等，经过十多天奋战赶制了 8 张六边形电脑桌，学校利用这 8 张六边形计算机桌建成 48 座小组合作型计算机教室。其他参观 A 小学的校长等在参观完 A 小学计算机教室后都是赞不绝口。W 馆长指导 A 小学建成小组合作型计算机教室，也对其他学校计算机教室建设起到了示范作用。电教馆长虽然不可能具体指导所有学校的信息化建设，但是可以通过对典型学校的指导发挥示范作用。

上级教育部门对学校信息化的推动可以理解为解决信息化中设备、人，以及人应用设备三个方面的问题。解决设备方面的问题指保障学校的基础设施和硬件设备正常运转，解决教师有没有条件上多媒体课的问题。解决人方面的问题指解决教师会不会操作硬件设备、会不会操作教育软件的问题。解决人应用设备方面的问题指解决教师究竟在教学中用不用设备的问题。

从教师观点分析，教师对上级教育部门通过考核强迫教师在教学中应用信息技术有不同看法，通过分析发现持反对观点的教师是对考核的执行方式持反对意见，而不是对考核持反对意见。以 HZ 小学远程教育管理员和 A 小学电教主任 A1ZJ 老师的说法为例，A1ZJ 老师认为，教师对上完课填写多媒体授课记录感到反感，反感的原因："记下的目的就是叫别人看，表示我上课了，大家对这个事情感到反感，有时候课上完了，没给记上，但是考核的时候给你扣分了。"从 A1ZJ 老师的观点结合其他教师的看法可以得出，教师感到反感的是"教师有没有填写上课记录表"考核方式，也就是说"上课记录表"考核方式并不能真正说明教师有没有上过多媒体课，填写"上课记录表"只是给教师增加了额外负担，起到应付检查的作用。当然"上课记录表"考核可以通过学校独立的监督人填写，但是农村学校本来就师资紧张，很难实现专人每天监督教师是否上过多媒体课。也有教师谈到由于准备不充分但必须上多媒体课的弊端，正如以下两位教师所说：

> 课件课比较费时，上课件课肯定得提前准备，准备课件要花时间，有时候老师忙了没时间制作课件，但是还要按照课表去上课件课，实际上很多老师大多数情况下就没有做好充分准备。
>
> —— A4W 老师

> 不好的地方是，有时候本来没有那方面的课件，但是任务得完成，排下课表得上课件课，那种情况感觉就是出于一种无奈吧，不去上课也不好办。
>
> —— AHYH 老师

上级教育部门的信息化推动作用受到当地电教部门力量、农村学校现状和地方经济发展的影响。将 A 县和 B 县做比较，其一，B 县电教部门工作人员少于 A 县，只有一名工作人员，监管力量相对弱一些；其二，B 县的农村学校数量比 A 县多，而且绝大多数农村学校山高路远，造成监管不便；其三，B 县经济发展比 A 县差，校长在保障信息化基础设施建设和运行方面力量薄弱，即使学校有多媒体教室也不能保障多媒体教室有桌椅等配套设施。

三、政府的信息化投入

（一）政府信息化投入影响因素的说明

从学校电教主任、校长、电教馆长的观点分析，政府的信息化投入是影响学校信息化发展的根本因素，正如以下几位访谈对象所说：

不能说学校的投入少，只能说政府的投入还是太少。

—— A1ZJ 老师

教室的计算机投入需要国家加大投资，学校没办法解决教室里计算机的投资问题。

—— BYW 校长

根本问题还是投入的问题，我们干的信息化事业是个富贵事业，是个花钱的事业，不管是前期建设还是后期运行都需要钱。

—— Y 馆长

政府的信息化投入是指各级政府对教育信息化建设和运行的投入，主要是信息化经费或者信息化硬件设施设备的投入。

（二）信息化投入历史和现状

对 A 学区和 B 学区的政府信息化投入进行梳理，可以归纳出政府对农村学校的信息化投入主要是"农远工程"的信息化投入、"两基"国检的信息化投入、"农村薄弱学校改造项目"的信息化投入。A 学区的政府信息化投入包括"农远工程"的信息化投入和"两基"国检时的信息化投入。B 学区的政府信息化投入主要有"李嘉诚项目"信息化投入、B 中学"农远工程"信息化投入、B 小学"农村薄弱学校改造项目"信息化投入。

这里以 2011 年"两基"国检时期 A 县和 B 县政府的信息化投入说明政府的信息化投入现状。

> 2011 年一次性采购了 2200 台计算机，今年又采购了，这几天正在采购，今年的计划可能要快一些，今年我们采购了 160 套班班通，每个教室有液晶大屏幕电视、计算机、视频展示台等。按照我们的规划，一个是考虑生机比，再一个是按照我们县实际情况，每年都在投入，没配的学校逐步在配，有些烂得不行了就更新。
>
> —— A 县电教馆 W 馆长

> 我们县生机比大概是 18 ∶ 1，这还是去年国家出了一点钱，县上投了一点钱，去年"两基"国检嘛，就配了很大一部分。你像干脆没有的，比如说县上的一些大学校，我们县一中，去年给配了一个机房，再就是下面乡镇中心小学配了一部分。
>
> —— B 县电教馆 L 馆长

结合 B 县 2012 年的信息化基本数据统计表可以得出，A 县政府比 B 县政府信息化投入大。

政府的信息化投入对教师的信息技术应用影响很大，由于政府信息化投入不足导致学校信息化设备极少或者严重老化，直接影响了教师的信息技术应用。政府的教育信息化投入还没有形成可持续投入机制。以 A 学区为例，政府对 A 学区的信息化投入主要是 2004 年的"农远工程"和 2012 年"两基"国检，2005—2011 年长达 7 年的时间内政府几乎没有信息化硬件设备投入，即使 2012 年进行了信息化投入也是因为"两基"国检，另外 2012 年"两基"国检的信息化设备投入极其有限，并不能满足 A 学区信息化发展的需求。

A 县和 B 县都属于西部地区，政府的信息化投入不足从地方政府角度讲是由于地方政府财政困难引起的，正如 Y 馆长所说：

> 对发达地区来说当然不存在问题，对我们来讲真有，像我们县级的财政、市级的财政，就是个"吃饭财政"，就是保证大家工资，在教育这一块，尤其在信息化上投入很少，确实也拿不出钱来。

B 县电教馆 L 馆长每年都写信息化发展规划，但都实现不了。正如 L 馆长所说：

> 规划都写几年了，每年都报，"十五"规划，"十一五"规划，"十二五"规划，连着写几年了，你只要有规划就行。但是，你报上去具体还是落实不下来嘛。

原因也正如 L 馆长所说：

> 我们县就是"吃饭财政"，连保证学校没危房都很困难，信息化肯定就更困难，主要是财政上有困难。

四、地方经济发展

从教师、校长和电教馆长的访谈分析，地方经济发展影响学校的信息化发展，这种影响体现在地方经济对学校信息化建设的支持力度。这里将地方经济发展因素分为两个层面：第一个层面是县级以上的财政收入，第二个层面是县级以下乡镇和行政村的经济发展。2006 年之前，即农村义务教育经费保障机制改革之前，农村学校的建设维修主要靠学校向社会筹措资金，包括学校的信息化建设；2006 年之后，西部农村学校义务教育经费全部纳入地方财政预算，学校校舍改造维修及办学条件改善都由财政拨款，学校的信息化建设作为办学条件的一部分从法规上也纳入财政预算。

农村义务教育经费保障机制改革之后，政府负责改善义务教育中小学的办学条件，地方财政对义务教育信息化的投入情况就与当地的财政收入直接相关，地方财政充裕才能谈得上对教育信息化的投入，地方财政的经费有限则谈不上对教育信息化的投入。

乡镇、行政村的经济情况也影响到学校的信息化发展，这种影响也体现在学校信息化建设方面，这种影响是捐助性质的，也就是乡镇内的企业、乡村能人、村集体等可能会对学校的信息化建设给予支持。农村的企业、乡村能人、村集体虽然没有义务投入学校信息化建设，但是提供了学校信息化建设的可能性。如果学校和村委会、企业、乡村能人关系好一些，或者说当地企业等有捐赠意愿，那么学校信息化也会得到当地经济发展的支持。如果乡镇、行政村的经济情况很差，乡镇内没有企业，村集体没有经济收入，那么学校想从村集体、企业等方面得到信息化支持就没有可能性。在对 A 学区校长的访谈中,一些校长谈到如果校长和村主任关系好,村集体也会对学校有支持。LSK 小学花 7000 多元所购置的第一台计算机是由村委会出了一部分钱,学校出了一部分钱购买的,XB 小学的第一台计算机是村委会出资购买的,GM 小学的第一台计算机是 GM 村的一个工程队为学校购买的旧计算机,B 小学的多媒体厅是乡镇企业捐资建设的,TPB 小学的计算机教室是 TPB 村的一个企业主在 2010 年捐赠的。

五、综合影响机制模型及关键影响因素

(一) 宏观因素综合作用机制

宏观层面的影响因素综合作用机制模型如图 4-5 所示。教育信息化政策影响政府对农村教育信息化的投入,也影响上级教育部门的推动作用,进而影响农村教育信息化发展。农村教育信息化政策驱动了农村教育信息化项目,驱动了当地教育部门对农村教育信息化的指导和管理,驱动了教育部门为农村教师提供信息技术培训。地方财政影响地方政府对农村信息化的投入,只有在地方财政条件允许的情况下才谈得上政府部门的信息化投入。政府的信息化投入影响教育部门的信息化工作,只有政府部门投入信息化设备或者经费,才谈得上教育部门对教育信息化的管理和指导及开展教师培训工作;反之,教育部门也会推动政府对教育信息化的投入。

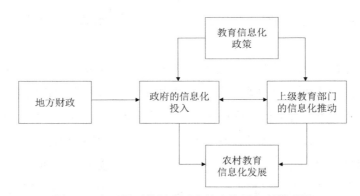

图 4-5　宏观层面的影响因素综合作用机制模型图

（二）宏观层面的关键因素

通过宏观因素作用机制的分析，宏观层面的关键因素是政府的信息化投入和上级教育部门的信息化推动作用。

政府的信息化投入是农村学校信息化发展的基础，也是农村教师信息技术教育应用的基础，作为公共事业的教育事业，只有政府投入教育信息化经费，才能保障教育信息化硬件、软件和人件建设，才有农村教师信息技术教育应用。上级教育部门的信息化推动作用直接推动农村教育信息化发展，也是农村教师信息技术教育应用的关键因素。我国垂直的教育管理体制决定了上级教育部门的信息化推动直接影响农村教育信息化发展质量，也间接影响农村教师信息技术教育应用。

六、宏观因素对中观和微观因素综合作用机制模型

宏观因素对中观和微观因素的综合作用机制模型如图 4-6 所示，图 4-6 的目的是展示宏观因素对中观和微观因素的作用机制，所以图中没有标示中观层面因素对微观因素的作用机制。教育事业经费政策影响学校公用经费充裕程度。政府信息化投入为学校提供了信息化硬件设备。地方教育部门的信息化推动工作影响校长信息化领导力、学校信息化人才、教师信息化教学能力。乡村经济发展影响到校长信息化领导力。新课程改革影响教师的教学理念。图 4-6 中新课程改革与教师教学理念之间的方框代表新课程改革政策可能是通过宏观层面的其他因素和（或）中观层面的因素影响教师教学理念，也有可能是直接影响教师教学理念。本书并非专题研究新课程改革政策，没有确切资料支持新课程改革政策与教师教学理念之间的直接或间接影响机制。但是，基于笔者在 A 县和 B 县的调查，新课程改革政策需要通过宏观和中观层面的因素影响教师的信息化教学理念。

小结

基于本书的调查或可得出以下结论。

1）从教育经费政策变化分析，教育经费政策缺乏对农村中小学教育信息化经费投入的关注。在义务教育公用经费实施"一费制"之前，农村学校可以向学

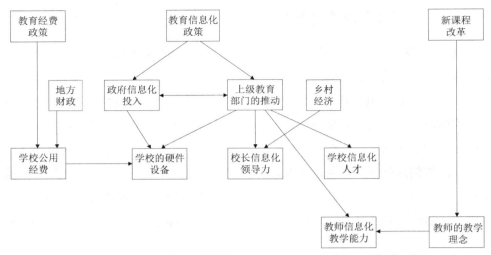

图 4-6　宏观因素对中观和微观因素的综合作用机制模型

生收取学杂费等，学校通过收取信息技术教育费，以及向学生家长筹款等加强学校信息化建设。义务教育公用经费实施"一费制"以后，教育经费政策中虽然有信息化运行和维护等费用支出，但是考虑到公用经费标准偏低，农村学校公用经费支出主要用于保障学校信息化正常运行，很少有资金投入信息化建设。

2）甘肃省经济虽然年年增长，但是中央和地方财政对农村中小学信息化投入远远满足不了农村学校信息化发展需求。尤其是县级地方财政能够投入学校的信息化经费很有限。

3）政府的中小学教育信息化投入具有不连贯性和应付检查特点。不连贯性是指政府教育信息化投入缺乏科学设计和可持续考量，实施的相关教育信息化项目缺乏连贯性。应付检查是指地方政府为应付上级政府教育检查被动地投入教育信息化。当然，地方政府教育信息化被动投入的根本原因是地方财政紧张，教育投入还处在排除学校危房阶段，谈不上有资金投入教育信息化。

4）地方教育部门的教育信息化推动工作主要围绕教育信息化项目展开。各地教育部门对教育信息化重视程度不同，地方经济导致的教育信息化可投入经费不同，以及教育局电教馆工作人员的差异，使得各地教育局电教馆在当地发挥的教育信息化推动作用也有所区别。

5）2002 年开始实施的新课程改革推动农村教师转变教学理念和教学方式，

对农村教师信息技术应用有激发作用。新课程改革的"生本教育""高效课堂"等教学模式都强调信息技术在教学中的应用。反过来，信息技术也可以很好地支持新课程改革。

6）农村中小学的信息化硬件设备来源主要包括四个方面（图4-7中的粗箭头所示）：政府的信息化硬件设备投入、学校公用经费的信息化设备投入、乡村能人或企业的信息化设备捐助、机关事业单位的信息化设备捐助。从逻辑上讲，应该还有其他途径的信息化设备捐助，但是，其他途径的信息化设备捐助情况相对较少，可操作性也不强。不同农村学校能够得到的信息化硬件设备来源不同。比如，"政府的信息化硬件设备投入"途径中，某些学校获得硬件设备的时间相对较早、数量相对较多。再如，并不是每个农村学校都能获得企业或乡村能人的信息化设备捐助，此外，乡村能人或企业的教育信息化设备捐助对象一般为当地学校。农村学校能够得到的上述五条途径的信息化硬件设备与校长的重视程度及社会关系直接相关。比如一些城市学校给农村学校捐赠信息化设备，这种捐赠之所以流向特定农村学校，往往是受捐赠农村学校校长主动联系或者有特定的社会关系。

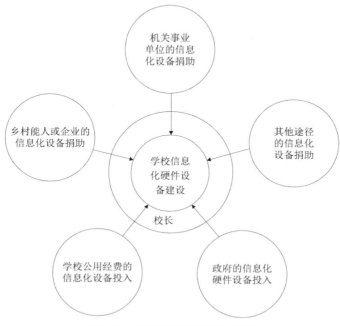

图4-7　农村学校硬件设备来源

第五节　影响因素及作用机制模型综合讨论

一、影响因素层间的作用机制模型

农村教师信息技术应用三个层面的影响因素在层与层之间的作用机制模型如图 4-8 所示。宏观层面的影响因素直接影响中观层面的影响因素。中观层面的影响因素直接影响微观层面的影响因素。宏观层面的影响因素可以通过中观层面的影响因素间接影响微观层面的影响因素，宏观层面的一些因素也可以直接影响微观层面的一些影响因素。影响因素层间作用机制是从上到下的，这说明教育信息化是从上到下推动的过程。

二、影响因素综合作用机制模型

所有影响因素的综合作用机制模型如图 4-9 所示。为了方便讨论影响因素综合作用机制，这里再将影响因素分为直接影响因素和间接影响因素。直接影响因素包括微观层面的所有影响因素，包括教学内容、学生认知规律、学生信息素养、教师信息化教学能力、教师教学理念、教师可利用时间，以及中观层面的学校硬件设备。间接影响因素包括中观层面的校长信息化领导力、学校信息化人才、学校公用经费，以及宏观层面的教育经费政策、教育信息化政策、新课程

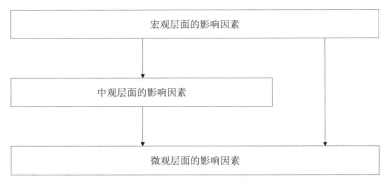

图 4-8　影响因素的层间作用机制模型

改革、上级教育部门的信息化推动工作、政府信息化投入、地方财政和乡村经济发展。

（一）直接影响因素作用机制

1）教学内容、学生认知规律、教师可利用时间的作用机制相对独立。

2）教师信息化教学能力可以克服教学内容和学生认知规律造成的信息技术应用障碍。

3）教师的可利用时间相对独立，主要受农村基础教育大环境影响。

4）学校的硬件设备和教师信息化教学能力的作用机制相对复杂，受到很多因素的影响，这两个因素也影响其他因素。这两个因素作用机制比较复杂的内在原因：一方面这两个因素是信息技术应用的必备因素；另一方面这两个因素也是灵活度最高的因素。

5）学校的硬件设备影响教师的信息化教学能力。

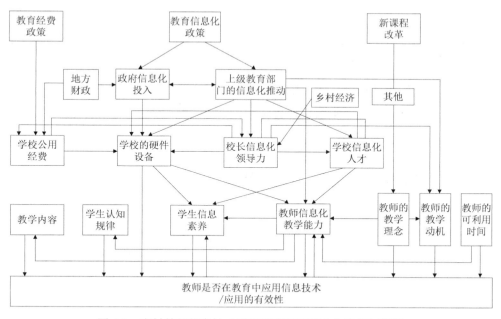

图4-9　农村教师信息技术应用影响因素综合作用机制模型

（二）间接影响因素作用机制

1）中观层面的校长信息化领导力发挥的影响是综合性的，影响到学校的硬件设备、教师信息化教学能力、学生信息素养。

2）宏观层面的政府信息化投入是基础性影响因素，影响到学校的硬件设备、地方教育部门信息化工作、校长信息化领导力、教师信息化教学能力、学生信息素养。

3）宏观层面的地方教育部门信息化推动工作发挥的影响是综合性的，影响到校长信息化领导力、教师信息化教学能力、政府信息化投入，以及通过影响学校硬件设备和信息化人才（信息技术教师）间接影响学生信息素养。

4）宏观层面的教育政策（教育经费政策、教育信息化政策、新课程改革）影响学校公用经费、政府信息化投入、地方教育部门信息化工作、教师的教学理念。

5）地方财政影响地方政府的信息化投入。

（三）影响因素驱动机制

中观层面的学校硬件设备也可以理解为微观层面（课堂教学系统）的硬件设备，进而发展成影响因素驱动机制模型（图4-10）。宏观和中观影响因素通过硬件设备和教师驱动信息技术应用，硬件设备是主动轮，影响教师。如果从信息技术应用推动角度分析，驱动过程还应该包括信息化教学资源。教育信息化领域逐渐重视驱动学生因素。

三、关键因素和基础性因素

（一）微观层面的关键因素

微观层面的关键影响因素包括教师信息化教学能力和教师可利用时间，学生信息素养是未来影响信息技术在教学中应用的关键因素。

（二）中观层面的关键因素

中观层面的关键影响因素包括学校的硬件设备、校长信息化领导力，校长信息化认识是校长信息化领导力的核心。

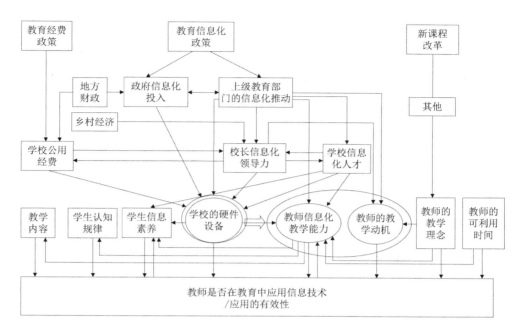

图 4-10　农村教师信息技术应用影响因素驱动机制模型

（三）宏观层面的关键因素

宏观层面的关键影响因素包括政府信息化投入和上级教育部门的信息化推动工作。

（四）基础性影响因素

1. 直接影响因素中的基础性因素：学校硬件设备

直接的基础性影响因素有教师可利用时间、教师信息化教学能力、学校的硬件设备和学生信息素养（未来关键影响因素）。学校的硬件设备影响教师信息化教学能力和学生信息素养，还可以影响信息化教学所花时间，因此，学校的硬件设备在直接影响因素中具有基础性地位，属于直接影响因素中的基础性因素。

2. 间接影响因素中的基础性因素：信息化投入

间接的基础性影响因素有校长信息化领导力、政府信息化投入、上级教育部门信息化推动。政府信息化投入影响校长信息化领导力和上级教育部门的信息化推动，政府信息化投入具有基础性地位。结合所有影响因素的作用机制，可以得出间接影响因素中的基础性因素是信息化投入，包括政府信息化投入、学校公用经费中的信息化投入，以及校长从社会各界及上级部门争取的信息化投入。

3. 所有影响因素中的基础性因素：信息化投入

信息化投入直接影响学校硬件设备，是二者中的基础性影响因素，结合所有影响因素作用机制，得出信息化投入是所有影响因素中的基础性因素。

综合而言，农村教师信息技术应用的关键影响因素有教师的可利用时间、教师的信息化教学能力、学校的硬件设备、校长信息化领导力、政府的信息化投入、上级教育部门的信息化推动、学生信息素养（未来关键影响因素）。学校硬件设备是直接影响因素中的基础性因素。信息化投入是间接影响因素中的基础性因素，也是所有影响因素中的基础性因素。

小结

基于本书的调查或可得出以下结论。

1）厘清信息技术应用影响因素的关键点在于理解信息技术应用影响因素间的作用机制，只有厘清影响因素间的作用机制才能更好地理解影响因素作用机制模型，以及影响程度。关于各个影响因素对信息技术应用的影响程度应该以具体情境为判断依据。以本书所论述情境为例，A 小学信息化硬件设备极度缺乏，该因素成为阻碍教师信息技术应用、教师信息化教学能力提升、教师信息化教学观念转变的最大因素。而 B 小学一部分班级配备的交互式电子白板则成为促进一些教师在教学中应用信息技术，以及积极提升自身信息化教学能力的重要促进因素。

2）按照 LoTi 公司"洛蒂的数字时代框架"从低到高共 7（6+1）个技术与教学整合水平，农村教师信息技术应用水平处于"不使用"和"了解"两个阶段，多数教师处于"不使用"和"了解"水平之间[①]，少数教师才能达到"了解"层次的技术与教学整合水平，也就是教师使用多媒体演示教学内容，进而帮助学生

---

① Moersch C. 2009. LoTi digital age framework. LoTi Connection. https://www.prn.bc.ca/ts/wp-content/LoTi_Framework_Sniff_Test.pdf.[2012-05-24].

理解知识。农村教师的信息技术应用水平远远达不到支持学生的高阶思维(分析、综合、评价),以及学生掌控学习、协作学习等技术与教学整合水平。农村教师在有没有条件使用信息技术和有没有能力简单地使用信息技术之间徘徊,信息技术应用的影响因素也就体现在是否促进教师在教育中简单地使用信息技术。

3)农村教师信息技术应用中遇到的影响因素的阻碍程度要普遍高于城市教师。比如农村教师所在学校的信息化网络和硬件条件、教师信息化教学能力、教师教学理念、教师可利用时间、学生信息素养、校长信息化领导力、学校公用经费、学校信息化人才等各个方面条件显然要比城市学校差。另外,农村教师在家庭信息化条件、教师专业发展机会、学校教研条件等各个方面的条件相对城市教师差。

4)政府规划农村中小学教育信息化的主要出发点是提供优质教育教学资源,这种提供教育教学资源的思路本身就带有传递教学色彩,也就是要求农村教师把优质教学资源传递给农村学生。这种教育信息化设计思路某种程度上具有局限性,因为政府传递的优质教育教学资源对于农村教师和学生而言不一定就是合适的。农村中小学教育信息化除了顶层设计,还需要本土化实践,注重农村学校自下而上的教育信息化变革,重视发挥一线教师在农村教育信息化发展中的创造性。

第五章

农村教师信息技术应用
影响因素典型案例分析

第一节　典型案例分析 1：A1H 老师

A1H 老师是一位女教师，也是一位语文老师，有 12 年教龄，年龄在 30～34 岁，18 岁参加工作，先后在 SB 学区 MF 小学、YE 小学从事教学工作。2012 年，她来到 A 小学，担任一年级年级主任。

从教师教学理念而言，A1H 老师能够更多地体现"以学生为中心"的教学理念，也就是说，A1H 老师能够更多地从学生的视角看待教育。在教学方面，A1H 老师更多地采用启发式教学法，注重为学生创设情境，启发学生思考，丰富学生的学习体验。"以学生为中心"还体现在，A1H 老师热爱教学工作、热爱学生，在教学中能够更多地做到"以学生为本"。这在一定程度上能够解释 A1H 老师为什么愿意积极投入到多媒体教学中，即为了给学生创造更丰富的学习体验，A1H 老师愿意花时间投入到信息化教学准备中。一般而言，相对传统教学，多媒体教学的教学准备时间要更长一些，包括查阅资料、制作课件等，尤其是制作课件，需要很多时间。

从教师信息化教学能力而言，A1H 老师信息化教学能力相对较好，虽然 A1H 老师自认为她的信息技术能力水平一般。2004 年，A1H 老师家中就已经购置计算机，作为年轻教师，A1H 老师较早地接触和使用计算机，个人的计算机基本操作水平较高，计算机打字输入规范，相对而言，绝大多数教师的计算机打字输入极不规范。A1H 老师所说的信息技术能力水平一般，主要是指她个人掌握的教学软件和课件制作水平一般。但是，这里需要指出的是，并不能因为信息技术操作水平一般就简单地断定 A1H 老师的信息化教学水平一般。实际上，教师的信息化教学水平，更多地体现在教师在教学中使用信息技术解决教学问题的能力，包括信息化教学设计的能力。A1H 老师在信息技术与教学法结合方面水平相对较高，能够找准信息技术与教学问题的契合点，在课堂上充分利用信息技术调动学生学习积极性，使学生积极参与课堂教学，能够将信息技术恰如其分地应用到教学中，优化学生的学习过程。

学校的硬件设备条件对 A1H 老师的信息技术应用影响非常大。A1H 老师原来所在 SB 学区 YE 小学信息化条件较好，其所教班级教室就有多媒体教学设备，并且接入互联网，所以在 YE 小学期间，A1H 老师几乎每天都开展多媒体教学，或者至少从网上给学生查阅一些资料等。但是，到了 A 小学之后，全校 19 个班级只有一个电子白板教室，从客观条件讲，A1H 老师使用多媒体教学次数很少，从笔者实地调查所观察到的情况可知，除了公开课，A1H 老师并没有使用电子白板教室。一方面，组织学生在电子白板教室和普通教室之间经常跑并不现实；另一方面，电子白板教室安排活动或者排开多媒体教学课表，给 A1H 老师提供的使用机会很有限，一年级的电子白板教室的使用时间是每周星期一。

从校长对 A1H 老师的信息化教学影响而言，A1H 老师认为并不大。A1H 老师在教学实践中已经认可多媒体教学，并能够在教学中积极应用信息技术。校长对教师信息化教学的影响，更多的是创造信息化条件，鼓励教师应用信息技术。至于校长对教师信息化教学的指导，或者更深入的支持措施则谈不上。在很大程度上，农村学校信息化尚处于起步阶段，也就是说，农村学校信息化发展还处在信息化硬件设备建设阶段，完善信息化硬件设备是加强农村学校信息化发展的重点和难点，尤其是推进班班通建设和保障学校硬件设备正常运转。考虑到农村学校经费紧张，农村学校校长要解决信息化教学的最基本问题都面临巨大的挑战。A1H 老师原来所在的 YE 小学的信息化条件较好，因为 YE 小学是标准化学校、示范学校，这也反映了教育政策导向下的财政支持对信息化教学的影响，示范学校、标准化学校更容易得到政府信息化建设支持。在 A 小学信息化硬件条件受到限制，很大程度上也是受教育政策的影响，在义务教育经费保障机制之前，A小学的前身 A 中学，教育信息化条件在 A 县是领先的，是当地信息化条件最好的农村学校，主要原因是 A 中学通过学生勤工俭学的收入和学生家长捐助等加强了学校信息化条件建设。到 A 小学时期，即义务教育经费保障机制时期，A 小学已经不具备通过学生筹资建设信息化条件的政策，A 小学校长曾经通过六一儿童节活动发起过捐款活动，筹资 5 万多元，但是后来被当地教育局没收。经费问题一直制约着学校发展，尤其是 A 小学作为寄宿制学校，经费开支更大，再加上冬季取暖支出占到学校经费开支的 1/3，所以，A 小学在学校里尝试种植经济作物增加学校收入。在学校信息化发展方面，自从"农远工程"落地之后，A 小学就再没有其他大规模的信息化投入，信息化设备严重老化，A 小学校长也在积极推动信息化工作，联系城区学校捐赠淘汰计算机，为 A 小学计算机教室无盘工作站加装计算机硬盘，积极争取电教馆的信息化配套设备。由于校长的积极争取，A 小学成为当地第一批配备学生机房和教师备课计算机的学校。

时间对 A1H 老师信息化教学的影响并不大。多媒体教学虽然比传统教学花的时间多，但其所花的时间主要在课件制作、资料查阅等信息化教学准备方面。A1H 老师查阅资料、制作课件相对熟练，尤其在互联网条件下，从网上下载课件并做简单修改，多媒体教学准备所花的时间并不会太多。另外，A1H 老师非常认可多媒体教学，并能够体会到多媒体手段给学生学习带来的积极变化，也愿意挤占休息时间用于多媒体教学准备。

从学生对 A1H 老师信息化教学影响而言，学生还是认可 A1H 老师的多媒体教学的。A1H 老师主要承担的是低年级语文课教学，从学生认知规律而言，学生在这一时期开展的更多的是形象思维，信息技术作为一种多媒体教学手段，可以在教学过程中把知识点以生动形象的方式展示出来，或者说在教学导入环节，给学生创设情境激发学习动机。从教学内容而言，相对传统教学手段，多媒体教学手段更多地用于生动形象的展示教学内容，丰富学生的学习体验拓宽学习视野，弥补农村学生实地场景体验的不足，尤其是一些名胜古迹，农村学生并没有实际体验的经历，通过多媒体手段，可以弥补学生这方面的不足。总之，多媒体手段更适合进行直观化的展示，使抽象的教学内容更形象直观，优化教学效果。

从上级部门对 A1H 老师的信息化教学影响而言，上级部门创造和指导的学校信息化建设为教师的信息化教学提供了条件。另外，上级部门在教学方面也有一些指导性政策，要求教师在公开课中使用多媒体手段，以及组织教师进行信息技术培训等，这些都推动了 A1H 老师的信息化教学。但是，作为基层教师而言，A1H 老师和上级教育部门人员接触的机会并不多，对上级部门的信息化推动作用的体会并不是很直接。

从学校信息化人才对 A1H 老师信息化教学的影响而言，学校电教管理人员主要是提供学校信息化运行维护保障，支持 A1H 老师的信息化教学工作。由于 A1H 老师自身的信息技术应用水平并不差，在学校教师里边处于较高水平，作为学校的信息化人才，A1H 老师更多的是影响和帮助其他教师的信息化教学，尤其是 A1H 老师作为一年级年级主任，也在积极鼓励其他教师使用多媒体教学手段。

第二节　典型案例分析 2：A5C 老师

A5C 老师是一位女教师，也是五年级语文教师，还是五年级一班班主任。A5C 老师年龄在30～34岁，教龄为13年，曾先后在 HNB 学区一小学、GM 小学、A 小学从事教学工作。

从教师教学理念而言，A5C 老师更多地体现出"以学生为本"的理念，也就是在课堂上要体现出学生喜欢学习，从学生内心去衡量教学价值，而不是通过考试成绩。考虑到教育的应试制度倾向，通过考试成绩衡量教师工作业绩成为教师必须遵守的规则，因而，在教学方法方面，一些老师更多地强调学生的做题训练，通过给学生布置大量的练习题，强化学生的应试能力。但是，A5C 老师并不认可这种做法，她认为当学生长大之后，回忆起自己的童年，每天都充斥着做题训练，这对学生而言并不是一个快乐的童年。正是由于在教学中体现出"以学生为本"的理念，A5C 老师的教学更多地从学生视角出发，给学生上好每一堂课。A5C 老师喜欢用"农远工程"资源，因为"农远工程"丰富优质的教学资源能够优化课堂教学，让课堂更加丰富多彩。它也能开拓学生视野，提高教学效率，比如直接使用"农远工程"资源库中的优质试题提高教学效率。

从教师信息化教学能力而言，A5C 老师同时担任学校文印员工作，在日常工作中较多地使用计算机，因此，A5C 老师基本的计算机操作都不错。总体而言，A5C 老师信息化教学水平相对较高，这里讲的水平较高是指相对于学校的其他教师而言水平较高，实际上，从笔者帮助 A5C 老师制作公开课 PPT 课件的经历而言，A5C 老师还没有掌握一些并不复杂的 PPT 课件制作技能。A5C 老师也在工作中积极提高自己的信息技术水平，A5C 老师的信息技术操作主要是通过自学掌握，包括工作中向同事请教。A5C 老师也谈到自己对信息技术培训的认识，其更认可学校的校本培训。培训形式为学校的四五个教师坐在一起，针对教师日常工作中感到困惑的信息技术操作问题进行针对性的指导。而对于当地教育部门组织的信息技术培训，A5C 老师认为其流于形式，仅是不断地复制粘贴考题答案用于应付培训考核，对自己的信息技术能力的提高并没有实质性的帮助。

从学校信息化人才的作用而言，A5C 老师认为"远程教育管理员"角色非常重要。按照 A5C 老师的说法，在一所学校里，一位水平较高的远程教育管理员通过日常培训和帮扶，能够带动其他教师的信息化教学水平。这一点其实在农村学校比较重要。在撤点并校之前，农村学校规模相对较小，教师人数多为五六位，大家的信息技术能力整体较低，尤其是一些老年教师，信息技术基本操作都不会，在这种情况下，负责任的远程教育管理员的指导对农村教师的信息化教学而言非常重要，为农村教师信息技术应用提供了一个支点。但是，实际上，即使是远程教育管理员，他们的信息技术能力也不一定能达到信息化教学要求。这类远程教育管理员往往是兼职的，只是简单地接受过教育部门组织的"农远工程"培训，进而负责学校里的"农远工程"硬件的管理和维护工作。

从信息化设备而言，信息化设备使用的方便与否影响到 A5C 老师的信息化教学。GM 小学等小学虽然只有一个多媒体教室，但是教师人数较少，A5C 老师的信息化教学次数相对较多，只要有时间，A5C 老师就会积极组织多媒体教学。到了 A 小学之后，19 个班级只有一个电子白板教室，A5C 老师的多媒体教学机会相应地减少。即使在这种情况下，笔者在实地研究期间也多次见到 A5C 老师在电子白板教室上课。按照 A5C 老师自己的说法，只要有时间，她就会积极组织学生去电子白板教室上课。在这里，影响 A5C 老师信息化教学的另一个因素是时间，工作太忙，在很大程度上挤占了教师的教学准备时间。相对以前所在的 GM 小学，A5C 老师认为自己在 A 小学工作太忙，当然，也可能是因为她担任学校文印员工作。但是，A 小学教师工作忙是不争的事实，笔者在 A 小学实地调研的两个多月时间里，能切实地感受到 A 小学的教师工作繁忙，学校组织的各种活动比较多。A 小学的 A5YQY 校长也认为学校工作繁重，主要是文山会海对学校工作的干扰，也就是上级部门安排的各种检查和活动占用教学时间。另外，笔者认为，A 小学办学有特色，相对较好，所以上级教育部门安排的检查活动可能多一些，从而加重了学校的工作负担。另外，A 小学工作作风踏实，所有的学校活动都做得很扎实，这也增加了教师的工作量。

从校长对教师的信息教学应用影响而言，A5C 老师认为，校长对教师的信息化教学影响比较大。尤其是对于刚刚接触"农远工程"的教师而言，在信息化教学起步阶段，校长的鼓励和支持作用非常明显。毕竟，对于刚开始尝试信息化教学的教师，由于自身信息技术操作水平低，以及信息技术在教学中应用的不确定性，他们在信息化教学起步阶段往往投入较多的时间和精力，但是信息化教学效果不一定有明显提升。在这种情况下，教师更需要校长的支持和督促，尤其需要在校长领导下创造积极的信息化教学氛围。同时，教育政策倡导下的积极的信息化教学氛围可以促进和推动教师的信息化教学。

从学生对信息化教学的影响而言，"农远工程"优质的教学资源能够拓宽学生的视野，为学生提供丰富生动的课堂学习体验，学生还是非常认可多媒体教学的。通过笔者对 A5C 老师公开课和日常课的观察，由于 A5C 老师利用多媒体手段创设的丰富生动的学习体验，在 A5C 老师的课堂上学生都非常投入。当然，A5C 老师调动学生学习积极性不仅仅通过多媒体手段，也包括其他教学手段。这里需要指出的是，"农远工程"优质的教学资源也是吸引 A5C 老师积极使用信息技术的一个重要原因。由于 A5C 老师所教的班级为五年级，学生也具备一些简单的资料搜索技能，A5C 老师也会布置一些让学生通过网络查阅的作业，但是考虑到农村学生在学校和家庭的信息化学习条件很有限，这样的作业并不多。实际上，为了培养学生良好的网络使用习惯，A 小学的 A3LN 老师就经常给学生布置一些上网查阅资料的课后作业，用以培养学生的信息化学习习惯。

从教学内容对教师信息技术使用影响而言，A5C 老师认为，语文学科的内容更适合多媒体教学，而数学学科更多依靠的是教师的演算推演，更适合教师讲解。

在推进信息化教学方面，A5C 老师认为，重点还是学校要加强硬件设备的投入，为教师创造方便的信息化教学条件。但是，就实际情况而言，学校的公用经费仅够维持学校的正常运转，投入信息化建设并不现实。因此，农村学校的信息化建设主要还是要靠政府投入，尤其是中央政府投入。

第三节 典型案例分析 3：A3ZS 老师

A3ZS 老师是一位男教师，年龄在 45～49 岁，教龄为 25 年。A3ZS 老师担任的教学科目是数学和美术，曾先后在 AL 学区、GM 小学、A 小学从事教学工作。A3ZS 老师也担任过 GM 小学校长、A 小学三年级年级主任。

A3ZS 老师的教学理念更多地体现为实用主义。就如 A3ZS 老师对新课程改革的理解是，"千教万教，学生把知识学下就行，不管通过什么手段，学生自己上去讲也行"。正是基于这样一种实用主义教学观，为了更好地让学生学习到知识，A3ZS 老师积极使用信息化教学手段。相对而言，对于抽象的知识，学生通过信息化手段更容易掌握。作为有着 25 年以上教龄的中年教师，A3ZS 老师有着丰富的教学经验，有复式教学（即一节课同时给一年级、二年级、三年级三个年级的学生上课）的经历。

就个人的信息化教学能力而言，A3ZS 老师在同年龄层的教师中水平相对较高。笔者曾经见过 A3ZS 老师设计的海报非常漂亮，这至少说明 A3ZS 老师的计算机操作水平并不差。再加上丰富的教学经验，A3ZS 老师能够很好地将信息技术融入教学活动中，找准信息技术解决教学问题的切入点。A3ZS 老师的信息技术能力相对较强的另一个例证是，A3ZS 老师在 GM 小学担任了学校的远程教育管理员，负责学校远程教育运行维护工作。

A3ZS 老师在 GM 小学既从事教学工作，同时也是 GM 小学校长，由于 A3ZS 老师个人喜欢和认可多媒体教学，所以积极投入学校的信息化建设。虽然 GM 小学是 A 学区最迟配备"农远工程"模式二的学校，但是 A3ZS 校长积极投入 GM 小学的信息化建设，学校 2002 年就有了办公计算机，2005 年就具备信息化教学条件，当地教研室也在 GM 小学录过公开课，这也说明了 GM 小学信息化条件并不差。考虑到农村学校经费紧张，A3ZS 校长加强学校信息化建设主要靠个人社会关系，2002 年学校的第一台计算机是由村里的工程队捐赠。2005 年，学校的第二台计算机，也是 A3ZS 校长通过向教育局申请经费购置的，同时学校自行购置电视机建成多媒体教学系统。在具备信息化教学条件之后，A3ZS 老师为学校接入互联网，同时从其他"农远工程"学校复制远程教育资源，用于学校信息化教学。A3ZS 校长鼓励和支持教师的信息化教学，自己带头示范上多媒体课，带动其他教师使用多媒体手段。相对而言，信息化教学准备比较麻烦，花费时间和精力较多，校长亲自示范上多媒体课，能够更好地起到带头作用，更好地引导教师实施多媒体教学。另外，考虑到学校远程教育管理员经常调动，A3ZS 校长自己担任远程教育管理工作，为教师的多媒体教学提供指导和服务。

A3ZS 校长在 GM 小学时期，即 2009 年之前，GM 小学还没有配备"农远工程"设备，所以上级教育部门对 GM 小学的信息化要求相对较低，虽然 GM 小学已经具备信息化教学条件。相对其他小学有各种远程教育报表填写，GM 小学的远程教育检查则没有那么严格。

从时间上而言，A3ZS 老师也认为教师工作繁重会影响到信息化教学，自从到了 A 小学，由于工作繁重，其信息化教学次数明显减少。作为三年级年级主任，A3ZS 老师也经常督促教师在星期三去电子白板教室上多媒体课，但是由于各种活动教师的多媒体课经常被耽误。

就学生和教学内容对教师信息化教学的影响而言，A3ZS 校长认为，信息技术作为一种教学手段，适合生动形象的展示，能够把枯燥乏味的教学内容形象化，更好地促进学生接受知识。从对信息技术的教学作用理解而言，几乎所有的教师都认为，信息技术只是一种教学手段，相对于传统教学，信息化教学更加形象生动，能够吸引和调动学生学习兴趣，提高学生的课堂参与度。

第四节　典型案例分析 4：BSLS 老师

BSLS 老师是一位男教师，是一位音乐老师，曾从事物理、数学等其他课程教学，BSLS 老师年龄在 45～49 岁，教龄为 25 年。BSLS 老师先后在 XY 学区 XY 中学、B 中学、B 小学工作，2004 年之前有 5 年在学区办公室工作的经历。

　　从教学理念而言，BSLS 老师是一位持有传统教学理念、认真负责的教师。BSLS 老师深受传统文化影响，在教学过程中注重对学生传统文化的教育，要求学生学会做人、孝顺、懂得感恩。在教学过程中，BSLS 老师把信息技术作为教学的一种有效手段，以此提高教学效率，吸引学生兴趣，开阔学生视野。尤其是作为音乐教师，他在音乐教学中使用多媒体展示视听材料辅助教学。BSLS 老师认为，教师在教学中是否使用信息技术主要取决于教师自身，信息技术作为一种教学手段，如果教师对这种手段用得得心应手，他就愿意在教学中使用；如果老师对这种手段用得不熟练，他就不愿意在教学中使用信息技术。

　　BSLS 老师的信息化教学水平相对较高，信息技术能力相对较强，虽然年龄在 45 岁以上，但 BSLS 老师认为他个人的信息技术水平在 B 小学能够排到第二。BSLS 老师的信息技术能力主要靠自己自费参加培训得以提升。最早在 1992 年中等师范读书期间，BSLS 老师就见过计算机。参加工作后，2002 年的"李嘉诚项目"为学校配备第一台计算机，但是学校校长特别嘱咐，非专业人士不得靠近。2004 年之后，考虑到教师评职称需要计算机证书，另外，出于对计算机的喜爱，BSLS 老师花了 360 元参加了当地的计算机培训。培训之后，BSLS 老师通过实践摸索基本掌握了信息技术操作技能，包括 Photoshop 软件的使用、PPT 课件制作等，能够熟练地在课件中插入图片、动画和视频，以及把网上下载的课件按照自己的教学思路进行修改。

　　学校的信息化硬件条件直接影响到 BSLS 老师的信息化教学情况。2002 年，BSLS 老师所在学校校长特别嘱咐，非专业人士不得靠近计算机，所以在此期间，BSLS 老师没有信息化教学经历。2004 年 BSLS 老师来到 B 中学，因为 B 中学 18 个班只有一个多媒体教室，所以 BSLS 老师的多媒体课也没上过几次。2008 年到 B 小学之后，BSLS 老师的多媒体课上得比较多，尤其是担任音乐课教师以来，因为 B 小学的音乐教室有多媒体教学设备，所以 BSLS 老师经常在音乐课教学中使用多媒体教学设备。虽然 2012 年之后音乐教室的多媒体设备损坏，但是从 2012 年开始，B 小学的 5 个普通教室又配备了电子白板，所以 BSLS 老师还可以在普通教室上多媒体课。按照 BSLS 老师的说法，每个电子白板教室都存有他的音乐教学课件。

从校长的信息化领导力影响而言，B 小学校长对 BSLS 老师的影响主要就是提供信息化教学条件，也就是 BSLS 老师所说的，B 小学信息化条件好，可以经常上多媒体课。B 小学的信息化条件在当地是非常好的，早在 2002 年之前，就通过向学生收取上机费建立了 B 县农村学校第一个计算机教室。之后，B 小学又陆陆续续得到各种捐助，学校在信息化硬件建设方面走在 B 县农村学校前列。2008 年，B 小学在当地企业捐资 20 多万元的支持下，建立了 B 县农村学校最好的多媒体教室。2008 年、2010 年、2012 年，城区学校、中央文明委先后给 B 小学捐赠了 30 台计算机。2012 年，B 小学 BYW 校长又通过努力获得教育局第一批配备的 5 套电子白板，电子白板配备数量在当地农村学校排名第二。按照 BYW 校长的看法，信息技术应用，首先应该具备硬件条件，其次是教师会用，最后是管理制度。总体而言，BYW 校长的信息化领导观念相对朴素，只是认为信息技术能够提高教学效率，实现快捷方便的教学。虽然 B 小学有 5 套电子白板，但是教室的电子白板并没有接入互联网，教室电子白板教学系统的计算机也没有安装杀毒软件，教师的电子白板教学水平也并不高，仅仅把它作为普通多媒体教学设备使用。应该说，BYW 校长在信息化教学领导力方面，还主要停留在为学校创造信息化硬件条件阶段，对信息化发展并没有较为深入的规划。但是 BYW 校长的努力为 B 小学争取到 5 套电子白板，方便了教师的多媒体教学，加上学校的多媒体大厅和音乐教室，B 小学 12 个班级共有 7 套多媒体教学设备。从笔者 1 个多月的实地调查可知，B 小学的电子白板教室几乎每天都在使用。B 校长创造的信息化条件直接保障了 BSLS 老师的信息化教学，但是笔者认为，在具备相对较好的信息化条件之后，B 小学在信息化教学方面还可以做得更好。

从上级部门对教师的信息化教学影响而言，BSLS 老师并没有谈到上级教育部门检查对自己信息化教学的影响。B 小学的其他教师也没有谈到当地教育部门检查对信息化教学的影响，只是提到教育部门对信息化教学的提倡给教师带来信息化教学的压力。

从时间因素而言，BSLS 老师并不认为工作忙会影响教师的信息化教学。考虑到 B 小学工作并不是很忙，再加上方便的班班通设备，B 小学的教师多数都会在教室使用电子白板。

第五节　典型案例分析 5：BYD 老师

BYD 老师是一位女教师，年龄在 45～49 岁，教龄为 21 年。BYD 老师主要承担语文课教学，也教授过音乐等科目，曾先后在 GJY 小学、B 小学任教。

BYD 老师的教学理念是"以学生为中心"。B 小学近年来在 BXD 老师的倡导下积极推动新课改。B 小学推动新课改的模式是郭思乐教授的"生本课堂"，按照"生本课堂"模式，BYD 老师会给学生发放导学案，让学生课前学习，课堂上进行交流展示、小组讨论、教师点评等。因此，在 BYD 老师的课堂上不仅教师使用电子白板，学生也会使用电子白板，学生主要是利用实物投影仪展示前置性作业。BYD 老师也会给学生布置查阅资料的作业，由于学校所在地有网吧、打印店，以及部分学生家中有上网条件，所以学生能够完成网上查阅资料作业。但是，一次偶然的机会，笔者看到学生在打印店查阅资料，其实是按每页一元的价格要求打印店查阅资料并下载打印。BYD 老师认为，与传统教学理念相比，她赞成新课程改革理念，她认为"生本课堂"实施后，学生的自主学习意识增强、课堂学习兴趣提高，学习成绩也比以前好，教师上课也轻松。

在教师信息化教学能力方面，BYD 老师虽然使用"生本课堂"教学模式，在课堂教学中积极调动学生积极性，但是个人的信息技术能力较差，BYD 老师教学中使用课件主要靠下载，下载的课件几乎不做修改，只能简单地删除一些不恰当的教学内容，或者简单添加一些内容，对下载的课件不会做较大幅度的修改。BYD 老师上过一两次公开课，公开课的课件是由别人帮忙制作的。BYD 老师认为自己年龄比较大，课件制作技术掌握不了，记不住课件制作的操作步骤，常常刚学会就忘记了。BYD 老师参加过 PPT 课件制作等信息技术能力培训，但是由于培训完之后并不怎么制作课件，所以培训内容已经基本忘光，BYD 老师感觉培训效果并不好。

设备使用方便程度对 BYD 老师信息化教学影响比较大。2012 年之前，BYD 老师所在班级教室没有电子白板的时候，学校教师是去公用多媒体教室上课，BYD 老师去多媒体教室的次数很少。2012 年，教室有了电子白板之后，BYD 老师每节新课几乎都要用电子白板，即使她个人课件制作水平不高，课件大多是网上下载课件几乎不做修改地投入使用。当新教学设备投入学校之后，教师出于好奇心都会积极尝试使用设备，在使用过程中，如果教师能够逐渐掌握信息化教学技能，使用得心应手，并且学生学习效果得到提升，教师就会积极投入多媒体教学。反之，如果教师在尝试使用一段时期的设备之后并没有得到学生学习效果的积极反馈，久而久之教师就会放弃使用信息技术教学。

从学校的硬件设备对 BYD 教师的信息化教学影响而言，非常关键的因素是国家加大了对农村学校信息化设备的投入，当时主要是"农村薄弱学校改造项目"配套电子白板等设备。在电子白板配套过程中，B 小学 BYW 校长通过积极争取，给 B 小学 12 个班争取到 5 套电子白板，在第一批电子白板配备学校中数量排名第二。当然，在后续信息化建设中，政府也会陆续给其他学校配备电子白板。另外，中央文明委给学校捐赠的计算机也能满足教师电子备课需求，现实中由于管理不当，有两台计算机一直处于闲置状态。在农村学校信息化发展中，信息化硬件建设及有效使用成为农村教师信息技术教育应用的关键。

学校信息化人才对 BYD 老师的信息化教学影响较大。在农村学校，对于年龄较大的教师，由于信息技术能力比较弱，他们的信息化教学准备常常需要学校信息化人才的帮助和支持。BYD 老师也不例外。另外，A 小学的 AHYC 老师也谈到，她在信息化教学准备过程中常常得到学校远程教育管理员的热心帮助和鼓励，支持着她的信息化教学。A 小学的 A1ZY 老师也谈到，她在 A1L 老师的带动下积极去电子白板教室上课。

从学生的影响而言，BYD 老师的课堂教学是"生本课堂"，所以她的课堂中会有学生交流展示、小组合作等活动，也会安排学生查阅资料等，这些也对学生信息化学习能力提出要求。在信息化教学中，学生信息化学习的参与是高效信息化课堂的重要组成部分。

第六章

促进农村教师信息技术有效应用的对策体系

第一节　建构对策体系的过程

农村教师信息技术有效应用对策体系的提出，是以农村教师信息技术应用影响因素为依据，以 A 学区和 B 学区信息技术应用中存在的问题为对策背景的。笔者在对研究对象的访谈中也设置了对策类问题，研究对象提出的对策与依据影响因素提出的对策体系进行交叉印证。

一、基于影响因素构建的对策体系

构建农村教师信息技术有效应用对策体系，就是克服信息技术应用影响因素中的不利成分，使影响因素朝着积极的方向发展，进而让教师在教学中更有效地应用信息技术。

在农村教师信息技术应用影响因素中，教师教学理念、教师可利用时间、学生认知规律、教学内容、学校公用经费、地方经济发展是可操作性较差的影响因素。教师教学理念转变说起来容易，做起来难，涉及教师的价值观等深层次教育思想变革及学校等教育系统的支持，并非单独的信息技术教育应用所能为，因而，该因素可操作性比较差，可以依托新课程改革大环境完成教师教学理念的转变。农村教师工作繁重是农村基础教育的真实写照，该因素可操作性很差，也就是说农村教师工作忙的现实很难改变，比较可行的办法是通过改善其他因素减轻该因素对信息技术应用的阻碍。学生认知规律和教学内容都是固有现实，只能让信息技术服务学生认知规律和教学内容，而不是学生认知规律和教学内容适应信息技术。学校公用经费的宽裕程度不仅影响教育信息化发展，也影响基础教育其他方面的发展，学校公用经费不足的问题需要教育领域所有人的共同努力。地方经济发展是既定事实，是教育事业发展的大环境，可操作性较差。对于上述可操作性差的影响因素，对策部分不做重点讨论，主要通过间接途径改善这些影响因素，或者消除这些影响因素对信息技术应用有效性的阻碍。

在农村教师信息技术应用影响因素中，教师信息化教学能力、学生信息素养、学校硬件设备、校长信息化领导力、学校信息化人才、教育政策、政府信息化投入、上级教育部门的信息化推动是可操作性强的影响因素或是必须要改进的影响因素，在这些影响因素中，针对学校的硬件设备、学校信息化人才、教育政策的对策不做单独讨论，融入教师信息化教学能力、学生信息素养、校长信息化领导力、政府信息化投入、上级教育部门的信息化推动工作五个关键影响因素的对策之中。

综合而言，本书以教师信息化教学能力、学生信息素养、校长信息化领导力、政府信息化投入、上级教育部门的信息化推动工作五个关键影响因素为中心构建促进农村教师信息技术有效应用的对策体系（图 6-1）。为了便于分析对策的综合作用机制，图中增加了学校信息化基础设施和硬件设备、教师可利用时间两个关键影响因素，至此，图 6-1 包含了本书提出的七大关键影响因素。将图 6-1 与农村教师信息技术应用影响因素综合作用机制模型图进行比较，可以发现图 6-1 与农村教师信息技术应用影响因素综合作用机制模型图中的连线部分有区别，这其实反映的是二者出发点不同，图 6-1 说明的是对策间的逻辑结构，而农村教师信息技术应用影响因素综合作用机制模型图说明的是影响因素之间的作用机制，所以二者内部的连线有所区别。

增加"政府信息化投入"是改善"上级教育部门的信息化推动"、提高"校长信息化领导力"、保障"学校信息化基础设施和硬件设备"的逻辑起点，政府进行了信息化投入，才能谈到上级教育部门的信息化推动作用等，或者说，政府的信息化投入为上级教育部门的信息化推动作用奠定基础。同样，改善"上级教育部门的信息化推动"是提高"校长信息化领导力"、提高"教师信息化教学能力"、

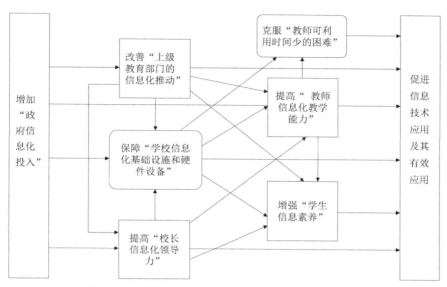

图 6-1 基于可操作性关键影响因素的对策逻辑结构

增强"学生信息素养"、保障"学校信息化基础设施和硬件设备"的逻辑起点，提高"校长信息化领导力"是提高"教师信息化教学能力"、增强"学生学习素养"、保障"学校信息化基础设施和硬件设备"的逻辑起点，提高"教师信息化教学能力"是增强"学生信息素养"的逻辑起点。保障"学校信息化基础设施和硬件设备"和提高"教师信息化教学能力"是克服"教师可利用时间少的困难"的逻辑起点。

二、教师提出的对策

在对研究对象的访谈中，笔者设置了对策类问题，"为了促进您更好地在教学中使用信息技术，您认为还需要在哪些方面做改进"，让研究对象回答。剔除研究对象提出的不合理对策，研究对象提出的对策可以归纳为四条：第一，要求改善硬件设备条件，包括硬件设备管理；第二，要求为教师提供培训，培训内容应该是教师日常工作中常用的信息技术；第三，加强信息化教学管理；第四，教师主动上多媒体课。

将研究对象提出的对策与依据影响因素提出的对策进行比较可以发现，研究对象提出的对策包含在依据影响因素揭示的对策中。教师提出的"改善学校硬件设备"也就是改善"学校的硬件设备"影响因素；教师提出的"培训日常工作中常用的信息技术"也就是改善"教师信息化教学能力"影响因素中的"教师信息技术操作能力";教师提出的"加强学校信息化设备和信息化教学管理"也就是改善"校长信息化领导力"和"上级教育部门的信息化推动"影响因素中的信息化设备管理和信息化教学管理;教师提出的"教师主动上多媒体课"可以理解为改善"教师信息化教学能力"中的"教师信息技术应用能力",以及"校长信息化领导力""学校硬件设备""上级教育部门的信息化推动"中的相关子因素。

第二节　保障教育信息化可持续投入

一、建立生均信息化专项经费投入机制

（一）农村学校信息化投入的梳理

农村学校信息化投入有三条途径:第一,学校公用经费结余投入信息化建设;第二,校长从当地的企业、乡村能人、机关事业单位等寻求信息化设备的捐助;第三,国家实施的教育信息化项目和地方政府的信息化投入。

对农村学校信息化投入的第一条途径进行分析。以 A 小学为例,A 小学的公用经费近几年一直呈赤字,没有结余经费可以购置信息化设备。以 B 小学为例,B 小学 2010—2011 年用结余公用经费购置了两台复印机(总价 2.5 万元),并没有购置信息化教学设备。综合而言,农村学校公用经费的信息化支出主要用于购买保障信息化正常运转的电费、设备维修费、纸张、信息化小配件,以及购置少量信息化办公设备,学校公用经费几乎没有结余用于购买信息化教学设备等。

对信息化投入的第二条途径进行分析。校长寻求当地企业、乡村能人、机关事业单位等对学校信息化建设提供帮助,只能是信息化建设的补充途径,不能成为信息化建设的主要途径。另外,校长寻求信息化捐助受制于地方经济发展,并不是所有的乡村都比较富裕并有企业、乡村能人等愿意帮助学校的信息化建设。

对信息化投入的第三条途径进行分析。国家实施的信息化项目不具有持续性，以"农远工程"为例，2003—2007 年"农远工程"完成项目投入后，再没有后续投入。另外，统一的信息化项目灵活性不足，投入的设备不一定是项目学校成本效益最佳。从地方政府信息化投入分析，对于西部地区而言，由于地方财政困难，地方政府的信息化投入很有限，以 A 县和 B 县的信息化投入为例，有限的信息化投入仅是为了迎接"两基"国检。

综合而言，以本书样本为代表的农村学校还没有一条有效的信息化可持续投入渠道，所以农村中小学教育信息化发展亟须建立一条可持续的信息化投入渠道。

（二）以生均专项经费方式保障信息化可持续投入

1. 经费拨付方式

为了保障信息化投入可持续性，笔者建议仿照 B 县专项取暖费模式建立农村学校专项信息化经费投入模式。也就是每位学生每年拨付一定数额的信息化经费，然后按照学生总人数拨付专项信息化经费，对于规模较小的农村教学点则拨付固定数额的信息化经费。

2. 经费使用方式

对于拨付的专项信息化经费，可以将学校自行安排使用和地方教育部门统筹使用相结合。学校领导、教师和学生更了解所在学校的信息化需求，也能选择成本效益最佳的信息化投入方式，专项信息化经费使用主体应该以学校为主，让学校自行选择适合本校的信息化投入方式，同时上级教育部门提出信息化发展要求并及时提供指导。对于教育信息化光纤网络等农村学校不能自行解决的信息化建设项目，地方教育部门可以统筹一部分专项信息化经费用于解决此类问题。

3. 其他

在教育信息化可持续投入机制还没有建立的同时，教育政策上应该允许学校组织学生勤工俭学等以加强学校信息化投入，或者寻求学生家长对学校信息化建设的帮助。国家应该多鼓励社会各界帮助贫困地区教育信息化发展，学校也可以支持和鼓励教师购置笔记本电脑用于教育教学工作。

二、中央财政保障贫困地区信息化投入

对于西部农村地区而言，由于地方财政紧张，没有实力投入当地的教育信息化建设，考虑到西部地区的特殊性，建议中央财政保障西部等贫困地区的信息化投入，或者中央、省、市、县共同分担农村教育信息化投入。

事实上，中央财政对于贫困地区义务教育投入很大，只是对教育信息化的投入相对较少。以 A 小学和 B 小学为例，A 小学每位学生每年有 500 元寄宿生生活补助、1500 元校车补助，B 小学每位学生每年有 600 元营养餐补助。农村学生每天能吃到面包、苹果，喝到牛奶，但是却接触不到互联网中丰富的信息，在信息社会忍受着信息的缺乏。农村学生也有信息需求，B 小学高年级的学生基本上每周都要完成一次查阅资料的作业，80% 以上的学生去网吧、打印店等场所查阅资料。以打印店查阅资料为例，查阅的资料每页打印费用是 1 元，学生每学期查阅资料费用约为 30 元。当然，B 小学是幸运的，因为在农村地区，很多学校周围并没有可以查阅资料的场所。农村寄宿制学校一般都是封闭式管理，考虑到学生安全问题，学校周围即使有网吧等场所，学生也不可能走出校门去查阅资料。

三、信息化投入应该满足基本需求

（一）农村学校信息化标准需求

1. 信息化办公

信息化办公属于农村学校的硬性需求，也就是说农村学校购置的信息化硬件设备会优先用于办公，然后才会考虑将剩余设备用于信息化教学。以 A 小学信息化办公为例，信息化办公涉及的职位或需求有正校长、副校长、正教导主任、副教导主任、总务主任、政教主任、校办公室主任、少先大队辅导员、文印员、学区会计、学校会计、电教主任、伙食主任、饭卡充值、校园视频监控、校园电子屏、校园广播系统。以 B 小学信息化办公为例，信息化办公涉及的职务

或需求有正校长、副校长、教导主任、总务主任、学校会计、文印室、校园广播系统、校园视频监控。

2. 班班通信息化教学

教师应该可以随时开展信息化教学，农村学校一套多媒体教学设备很难满足教师随时上多媒体课的需求，适时推进农村学校班班通建设应该成为新时期教育信息化发展的必然选择。

在教育信息化发展初期，信息化教学设备成本较高，教师也仅仅处于信息化教学摸索阶段。一个学校只有一套信息化教学设备，这一方面是因为信息化设备成本高，另一方面是因为信息化教学设备利用率相对较低。信息化教学设备价格已经大幅下降，农村教师也积累了丰富的信息化教学经验，有着积极的信息化教学意愿。适时推进班班通建设成为必然选择。在达不到班班通的情况下，农村学校应该尽量多配备信息化教学设备，满足教师随时上多媒体课的需求。

3. 信息技术课程教学

为农村学校建设标准计算机教室，在信息技术课上，保证每名学生都能使用一台计算机。另外，还应该满足信息技术课程教学对互联网带宽的需求。

4. 学生信息化学习

为农村学生信息化学习创造必要的条件，这里的信息化学习包括学生课前查阅资料及在课堂教学和网络环境下进行学习。学生人数较少的学校可以将学生信息化学习场所整合到计算机教室，学生人数较多的学校可以单独建立学生电子阅览室或计算机网络教室。

5. 教学管理和电子备课

为授课教师配备一定数量的教师用计算机，能满足教师日常教学管理和电子备课的需求。同时考虑将计算机教室和班班通的计算机用于教师教学管理和电子备课，尽量节省信息化开支并提高设备利用率。

6. 网络带宽需求

尽量为农村学校接入宽带互联网，满足信息技术课程教学、学生查阅资料、信息化教学、信息化办公、电子备课等对网络带宽的需求。一些乡镇还不具备光纤接入条件，学校只能电话线接入网络，带宽只有 4 兆，这就要求政府加强乡镇光纤网络建设，尽快满足农村学校对网络带宽的需求。

农村学校信息化网络基础设施建设应该由地方政府统筹安排，将地方所有学校的宽带互联网市场整体外包给互联网运营商，发挥市场在农村学校信息化基础设施建设中的积极性，同时将难度较高的网络维护任务推向市场，缓解农村学校信息化人才短缺的困境。

由于农村网络基础设施落后及学校公用经费有限，农村学校网络条件很差。A 小学有 700 多名学生、70 多名教职工，互联网带宽仅是 4 兆，常常连 QQ 和邮箱都登录不上，A 小学合理带宽应为 20 兆以上。B 小学有 400 多名学生、30 多名教职工，网络带宽只有 4 兆，勉强满足信息化办公和电子备课需求，但是不能满足信息技术课程教学需求，正如信息技术老师所说："以前教过浏览网页，学生都上网，网络就瘫痪了。"B 小学合理带宽应为 10 兆以上。

（二）信息化设备投入原则

1. 坚持低成本和高效益原则

信息化设备相对黑板粉笔而言成本较高，考虑到我国经济发展水平，信息化设备配备应该尽量选择成本较低的设备，高效益原则是指配备的信息化设备尽量发挥最大应用效益。

以班班通建设为例，应该结合班容量合理配备设备，学生人数在 1～20 人的班级配置液晶电视和计算机，学生人数在 21～34 人的班级配备大液晶电视和计算机，学生人数在 35～50 人的班级配备电子白板。

以学校计算机配备为例，应该综合规划全校的计算机配备，让配备的设备尽量发挥最大效益。比如，计算机教室的计算机可以用于信息技术课教学，也可以用于教师和学生查阅资料，还可以用于网络环境下传统科目教学。再如，教室的计算机不仅用于信息化教学，也用于办公和备课，还用于学生查阅资料。

2. 尽早配备信息化设备

教师信息化教学能力的提高不是一蹴而就的，而是在信息化教学实践中不断提高的，即使是有教育技术学专业背景的教师，仍需要在实践中不断历练，才能成长为一名合格的信息化教学型教师。另外，以 40 岁年龄为界，40 岁以下的教师通过培训和自学基本都可以掌握信息技术操作技能，而 40 岁及以上的教师掌握信息技术技能相对困难，学习过程中付出的精力也急剧增加。

这里建议以信息化产品淘汰周期为单位，通过贷款等方式尽早配备信息化设备，这样，教师和学生可以尽早使用信息化设备，也可以尽早积累信息技术应用经验。

3. 配备灵活的信息化设备

客观而言，教师每天的信息化教学次数并不多，教师多媒体教学集中在语文、数学、音乐等科目的新授课，平均每个班级每天使用信息化教学设备大约为 2 节课，一般不超过 4 节课。这里建议班班通的信息化教学计算机配备成笔记本电脑，笔记本电脑不仅可以用于教学，也可以用于教师备课。此外，一定数量的笔记本电脑可以支持小组合作型教学，以每个学习小组 4 ～ 6 名学生计算，6 台笔记本电脑可以支持 24 ～ 36 名学生的小组合作型教学。当然，基于笔记本电脑的移动性，其还可以用于学校其他工作。

学校信息化办公已经成为信息化硬性需求，学校购置的信息化设备都是优先用于信息化办公，在满足信息化办公需求后，多余的信息化设备才会用于电子备课和信息化教学。随着我国经济实力增强以及教育信息化的深入发展，应该适时推进农村学校班班通建设、农村学生信息化学习环境建设等。Ertmer 等所做的研究认为如果教师无法跨越一定门槛的信息化资源（包括信息化基础设施、硬件设备和教学资源）获取障碍，那么，即使教师持有积极的信息技术应用态度、教学信念是"以学生为中心"，教师的信息技术应用活动同样会受到限制[1]。

---

① Ertmer P A，Ottenbreit-Leftwich A T，Sadik O，et al. 2012. Teacher beliefs and technology integration practices：A critical relationship. Computers & Education，59（2）：423-435.

第三节　发挥上级教育部门的信息化推动作用

教育信息化发展从上到下的推动模式决定了上级教育部门的信息化推动工作对农村学校信息化发展起着关键作用。作用的方式包括制定教育信息化相关制度，监督、管理和指导学校信息化工作，组织校长和教师培训等。

一、通过制度设计推动教育信息化发展

上级教育部门可以通过教育信息化制度设计推动信息化发展，比如学校的信息化人事制度中规定校长对学校信息化发展负责，骨干教师评选活动中要求参加评选的教师必须具备一定的信息化教学能力，把信息化相关内容纳入学校年度考核，要求新进入教师行业的教师具备一定的信息素养，将教师信息化竞赛活动获奖作为教师评选职称的加分项之一，等等。

二、发挥信息化监督、管理和指导作用

我国教育系统有着完备的电教系统，中央、省、市、县的教育部门都设置有电教馆，地方电教馆工作人员就是当地的教育信息化专家。地方教育部门可以用好电教馆这一支教育信息化专家队伍，积极发挥电教馆对农村教育信息化发展的监督、管理和指导作用。比如指导农村学校信息化建设、监督农村学校信息化设备运转、检查学生信息技术课教学情况、指导教师信息化教学等。上级教育部门可以指导和支持一批农村学校成为教育信息化示范校，带动周边学校信息化发展，示范校通过先期试点摸索和积累信息化发展经验，其他学校可以学习和借鉴示范校的信息化工作经验，以加强本校信息化工作。上级教育部门也可以定期组织信息技术应用交流活动，以促进当地学校的信息化发展。

三、组织校长和教师的信息技术相关培训

上级教育部门可以通过组织校长和教师的信息技术相关培训，让校长和教

师在思想上认识到信息化的重要性，在行动上具备基本的信息化相关能力。在新型信息化硬件设备和教育软件投入初期，教育部门提供的培训更加重要，教师只有掌握新型硬件设备和软件的基本操作技能，才能在教学中应用信息技术。如果教师得不到及时的培训，新型信息化设备就很难被应用。比如 B 小学新配备的电子白板，对教师的培训只有半个小时，由于培训时间太短，很多教师没有掌握电子白板的使用技能，在教学中根本不会使用电子白板的交互功能。

四、争取政府和社会各界支持教育信息化

教育部门应该积极推动政府加强农村教育信息化投入。教育部门也可以制定相关政策鼓励社会各界支持农村学校教育信息化发展，比如组织城乡学校之间的教育信息化结对帮扶活动。

第四节　加强校长的信息化领导力

校长是学校信息化发展的"领头羊"，校长对学校信息化发展起着全局性和引领性的关键作用，校长方面的对策就是要发挥校长在信息化发展中的积极作用。

一、积极提升校长的信息化领导力

通过组织培训、外出参访等活动强化校长的信息化认识，提高校长个人信息化能力和学校信息化规划和管理能力等。校长信息化领导力提升中首先要转变校长信息化认识，只有认识到信息化的重要性，校长才会积极提升自我的信息化能力，积极推动学校信息化发展。组织培训活动也许并不能让所有的校长都具备较高的信息化教学能力、信息化规划能力、信息技术操作能力，但是让校长掌握相关的信息化能力，会使校长的信息化行动更积极主动。比如校长如果了解信息

化教学，那么校长出台的信息化规划或管理制度在促进信息化教学方面也更具针对性和实效性。

二、为校长的信息化领导行为创造条件

校长的信息化领导行为需要经费和信息化人才的支持，不能仅在口头上要求校长重视学校信息化发展，而在行动上却不给予任何支持。这里以 A 小学学生住宿的床板问题说明，由于 A 小学公用经费紧张，学生住宿配备的床板质量较差，发生多起学生晚上睡觉从床上掉下来的事故。为了缓解学校公用经费紧张的问题，A 小学校长通过举办校庆活动筹措了一笔可观的公用经费，但是这一笔经费却被教育部门没收，这种没收行为显然会打击校长筹措学校公用经费的积极性。床板案例说明要发挥校长在学校信息化发展中的积极性，在合规合理的情况下为校长的信息化领导行为创造条件是十分必要的。

这里建议从政策上为农村学校创造有利的信息化发展环境，国家应该出台相关政策鼓励企业、机关事业单位帮扶贫困地区农村学校的信息化发展，教育部门应该出台相关政策鼓励校长筹措信息化建设经费。教育部门应该尽量为农村学校培训或分配信息化专业人才，让校长的信息化规划蓝图通过信息化人才的具体工作去实现，如果没有信息化人才支持，再好的信息化规划也很难实现，除非校长本人具备相关信息化能力。

三、通过考核强化校长的信息化领导行为

教育部门应该加强学校信息化相关内容考核，比如加强信息技术课教学、信息化教学、信息化硬件建设、信息化管理制度等方面的考核。通过考核引导和驱动校长的信息化行动，从考核上给校长造成信息化不得不推动的压力，促使校长积极营造学校信息化发展的良好氛围。

第五节　关注教师的信息化教学能力的发展

一、定期组织信息技术校本培训

从教师访谈中得知，一些教师认为自己信息技术水平较低，影响信息技术在其教学中的应用，比如下载的 PPT 课件不会修改。从对课堂教学观察分析，绝大多数教师教学中常用的 PPT 课件都很简单，基本都是文字和图片的集合，PPT 课件中插入动画、视频、音频和超链接等很少。另外，随着教育信息技术不断更新，教师在教学中必然会遇到新的技术障碍。

针对教师的技术障碍问题，结合教师对各级各类培训的看法，以及教师的信息技术能力现状，这里建议以学区或学校为单位组织信息技术培训。一般而言，学区（学校）的培训者比较了解教师的信息技术能力现状，也比较了解教师在信息技术应用中常遇到的技术障碍。学区（学校）内的教师相互之间也比较熟悉，定期组织校本培训也为教师提供了相互学习的机会。此外，负责培训的教师和接受培训的教师同属于一个学区（学校），培训完之后教师在日常教学中遇到技术障碍，仍然可以向负责培训的教师请教，这样有利于巩固培训效果。这种培训方式也利于形成及时学习（just-in-time learning）的氛围。Granger 等所做的研究就强调及时学习对教师信息化专业成长的重要性[1]。

校本培训应该形成可持续的轮训制度，通过不间断的循环培训有组织地提升教师的信息技术操作水平。也就是通过培训促进教师的信息技术应用，再对信息技术应用过程中新出现的技术障碍进行培训，如此不断循环。

二、积极组织信息化校本教研活动

从 A 学区和 B 学区教师访谈中得知，许多教师并不能完全掌握信息技术应用的方法，比如教学中究竟哪个环节适合使用信息技术。教师不能完全掌握信息

---

[1]　Granger C A，Morbey M L，Lotherington H，et al. 2002. Factors contributing to teachers' successful implementation of IT. Journal of Computer Assisted Learning，18（4）：480-488.

化教学策略，或者说信息化教学设计不恰当，导致多媒体教学效果较差，给教师造成多媒体教学反不如传统教学效果好的错觉，进而影响教师在教学中应用信息技术的积极性。也就是教师信息技术应用能力差，导致教师感受不到多媒体教学的优势或者对多媒体教学优势体会不深刻，教师不愿意上多媒体课。对于多媒体在教学中究竟如何使用，当地电教馆长也认为目前处于探索当中，并没有成型的模式。

相对于掌握信息技术操作技能，教师掌握信息技术应用技巧或者信息化教学策略需要付出更多精力，需要教师在长期教学实践中积累。许多教师正是因为信息技术应用策略摸索出现暂时性的困惑，才对信息化教学产生不信任感或者迷茫感，从而转入被动应用乃至放弃应用信息技术。这里建议组织信息化教研活动帮助教师学习和掌握信息化教学策略。一般而言，一个学区（学校）内总有一小部分教师通过个人长期的摸索和积累，率先掌握了一些行之有效的信息化教学策略，组织信息化教研活动就是让这部分教师分享自己的信息化教学经验，或者为其他教师提供信息化教学策略指导。另外，信息化教研活动也为教师提供了时间和场所，用以相互学习彼此的信息化教学经验、反思自己的信息化教学策略，这对于缺少信息化教学反思的教师而言非常重要。信息化教研活动也是教师信息化教学能力集体成长的重要机会，在一定程度上减弱了教师完成信息化教学带来的个人精力负担，也有利于学校形成积极的信息化教学研究氛围。Haydn 和 Barton 的研究也证实了同学科的教师在一起交流讨论对教师信息化专业发展的重要性[1]。Zhao 和 Frank 认为，教师间的互助和交流可能会提升学校整体的信息技术应用水平[2]。

三、教师主动克服信息化教学困难

信息技术培训和信息化教研活动只是为教师的信息化教学能力提升给予了外部支持，取代不了教师个人的积极探索。教师个人积极摸索信息化教学策略才

① Haydn T，Barton R. 2008. First do no harm：Factors influencing teachers' ability and willingness to use ICT in their subject teaching. Computers & Education，51（1）：439-447.

② Zhao Y，Frank K A. 2003. Factors affecting technology uses in schools：An ecological perspective. American Educational Research Journal，40（4）：807-840.

是教师信息化教学能力提升的关键，这就要求教师树立终身学习观念，主动克服信息化教学中遇到的困难。从 A 学区和 B 学区教师的案例分析可知，信息技术操作水平和教学应用水平较高的教师，都是出于个人兴趣的积极探索，另外，学习型教师的信息化教学水平相对较高。

学习型社会必然要求教师树立终身学习的观念。信息技术的发展也为教师的学习提供了强大的工具支持，教师通过互联网就可以进行学习、交流，了解和掌握最新的教学手段和教学理念。一些教师主动学习的习惯还未成形，不能积极主动地适应信息社会对教师专业发展的要求。教师应该主动学习现代化教学手段，只是单纯地等待培训必然会落后。

四、教师参与设计信息化相关制度

A 小学教师认为学校的计算机"管得死死的，计算机的设置各个方面都管得死"，也就是教师认为计算机管理方式对教师使用计算机造成不便。信息化设备管理造成教师的使用不便，一方面是因为电教主任工作繁重，更愿意从管理方便的角度出台管理制度，实际上很多管理工作普通教师就可以承担，没必要所有工作都由电教主任负责；另一方面是因为学校出台的管理制度缺乏教师的参与，比如 A 小学建立专门的电子备课室，学校将各个年级办公室的计算机集中到电子备课室使用。校长建立电子备课室的初衷是为了更好地服务教师，但是教师认为计算机集中到电子备课室不如配备到办公室方便。信息化管理制度设计缺乏教师参与的另一个重要原因是普通教师在出台管理制度过程中缺乏发言权，但是普通教师恰恰是信息技术应用的主体，如果学校制定的管理制度让教师感到不方便，这种管理制度显然与服务教育的初衷背道而驰。

从信息化教学管理制度分析，为了促进教师在教学中应用信息技术，A 县和 B 县都出台了严格的信息化教学制度，A 县电教馆规定每名教师每周至少上两节多媒体课，并填写上课记录，B 县规定每个多媒体教室每天至少安排四节课。电教部门出台信息化教学制度是必要的，尤其在教师还没有内化成主动使用信息技术的过渡期，信息化教学管理制度有利于规范信息化教学，但是这种信息化教学制度缺乏对农村教育实际情况的考虑，或者说制度设计缺乏教师的参与。并不是每个星期的教学内容都适合多媒体教学，或者说农村教师由于阶段性的繁重工作不能保障每周都能完成固定的多媒体教学次数。这里需要考虑的是在信息化制度设计中邀请学校和教师参与，制定灵活的、人性化的管理制度。

教师自己清楚什么样的制度能够更好地服务教师、服务教育。这里建议上级教育部门或者学校在设计信息化制度时考虑到教师的观点，让教师参与信息化制度设计。

第六节 培养学生的信息化学习能力

一、为学生信息化学习创造条件

从 A 小学和 B 小学的信息化情况可以看出，A 小学和 B 小学不具备学生信息化学习条件。A 小学和 B 小学在甘肃省属于条件较好的农村学校，如果 A 小学和 B 小学都不具备学生信息化学习条件，那么甘肃省其他农村小学的信息化条件可想而知。

培养学生信息化学习能力首先要求学生有信息化学习条件，政府和学校应该积极为农村学生创造信息化学习条件，比如为班级配备接入互联网的计算机，为学校建设专门的学生电子阅览室，为学校建设用于网络教学的计算机教室，等等。

二、规范农村学校信息技术教学

（一）农村学生信息素养现状及家庭信息化条件

1. 学生信息素养整体情况很差

从信息技术课堂观察和学生访谈分析，A 小学和 B 小学的学生信息素养情况总体比较差。90% 以上的学生用 1 ～ 2 个手指打字，学生不会创建文件夹，不会保存电子文档，部分学生不能正常关机，部分学生不会浏览网页。很少有学生能够查阅资料，个别学生查资料也仅仅是简单地搜索，并不会筛选和整合资料。

农村学生信息素养差的原因不是学生学习不努力，实际上绝大多数学生都喜欢上信息技术课。学生信息素养差的原因主要是学校信息化条件差、信息技术科目任课教师教学水平低、学校对信息技术教学不重视。比如 A 学区的学生到 2010 年才有条件在 A 小学上信息技术课，信息技术课教学条件是两名学生共用一台计算机，每个班级一个星期仅开设一节信息技术课，这一节信息技术课还经常被耽误，受网络条件限制也不能学习互联网等知识。B 小学 2011 年前计算机教室的 20 多台计算机有一半以上瘫痪，2011 年秋季才配备了 B 中学"农远工程"模式三的 30 台无盘工作站，学生从四年级才开设信息技术课，一个星期只有一节，冬天还因为取暖问题不上信息技术课，B 小学也没有条件教授网络知识。A 小学和 B 小学的信息技术科目教师都不具备信息技术专业背景，一些教师打字指法本身就不规范，信息技术专业术语也不了解，更谈不上掌握信息技术教学法。

2. 学生家庭信息化环境很差

从 A 小学和 B 小学的学生家庭信息化环境分析，学生家庭拥有计算机和网络的比例较低，多数学生家中没有计算机和网络，学生家长信息素养也很差，多数家长并不会使用计算机，不能指导子女信息化学习，一些学生家长还是留守的爷爷奶奶，更谈不上指导农村学生的信息化学习。

A 小学各个班级学生家庭信息化条件具体情况如下（表 6-1）。A 小学 4 个班级共 155 名学生只有 44 名学生家中有计算机，所占比例约为 28%。三（3）和五（1）班共 81 名学生只有 8 名学生家中计算机接入互联网，所占比例仅约为 10%。

表 6-1　A 小学部分班级学生家庭信息化条件

班级	班级人数	家中有计算机的学生人数		计算机联网的学生人数	
		人数（人）	比例（%）	人数（人）	比例（%）
一（3）	37	10	27		
三（3）	44	13	30	3	7
五（1）	37	8	22	5	14
五（2）	37	13	35		

B 小学各个班级学生家庭信息化条件如表 6-2 所示。B 小学的学生基本来自乡镇中心村，由于该镇经济、社会发展等各方面条件较好，所以 B 小学的学生家庭信息化条件好于 A 小学，但是总体情况仍然较差。B 小学 12 个班级接受调查的 426 名学生只有 183 名学生家庭有计算机，所占比例约为 43%。学生家庭互联网接入条件调查，以接受调查的 11 个班级统计，接受调查的 388 名学生中只有 91 名学生家中计算机接入互联网，所占比例约为 23%。

表 6-2　B 小学学生家庭信息化条件

班级	调查人数	家中有计算机的学生人数		计算机联网的学生人数	
		人数（人）	比例（%）	人数（人）	比例（%）
一（1）	38	19	50	—	—
一（2）	38	14	37	12	32
二（1）	31	14	45	12	39
二（2）	35	22	63	11	31
三（1）	46	21	46	9	20
三（2）	42	12	29	6	14
四（1）	30	14	47	6	20
四（2）	29	8	28	3	10
五（1）	41	14	34	6	15
五（2）	37	18	49	12	32
六（1）	30	16	53	11	37
六（2）	29	11	38	3	10

（二）规范信息技术教学

解决学生信息素养较差及学生家中接触不到计算机和网络的问题，只能规范学校信息技术课教学进而强化农村学生的信息素养，包括规范信息技术课程教师队伍，以及重视信息技术课教学。

1. 规范信息技术科目教师队伍

农村小学信息技术教学基本没有专业的信息技术科目教师，担任信息技术教学的教师都是边学边教，教师对信息技术知识多是一知半解的，对信息技术教学法更是不求甚解。小学信息技术课作为综合实践课，本来应该是富有乐趣和创意的实践活动课，但是由于教师没有掌握信息技术教学法，信息技术课成了单纯的计算机技能课。农村小学信息技术专业教师匮乏并不是信息技术科目的独有现象，作为副科的音乐、体育、美术教师也同样匮乏，农村学校即使有专业的副科教师也很快被调入县城学校。比如 BXL 督导说：

> 我们的音、美、体老师很缺乏，薄弱得很，学区仅有的一位音乐老师也被抽调走了，调入了县城学校，难道农村就不需要这些老师吗？农村孩子也是祖国的花朵和未来。

这里建议通过培训等方式强化农村信息技术教师队伍，学校在安排兼职信息技术教师时尽量安排一些信息技术水平较高的教师担任信息技术教学工作。在可能的情况下，教育部门应该尽量为农村学校分配专业的信息技术教师。

2. 重视信息技术课教学

因为信息技术科目在小学属于副科，所以很多学校不重视信息技术课教学。以 A 小学和 B 小学为例，信息技术课一周只有一节，还常常因为各种事情被耽误。从信息技术科目教师访谈中得知，一周一节信息技术课太少，不利于学生信息素养的培养，一周应该安排两节信息技术课。信息技术教学对于学生信息素养培养，以及信息化学习能力培养都非常重要。此外，小学生学习能力很强，加上网络世界的吸引，学校如果不能积极引导，学生很容易从小养成不良的信息技术使用习惯，比如笔者在 B 小学见过一位三年级的学生打字很快，却是用两个手指打字。农村学生信息素养培养和网络使用习惯的养成更依赖于学校，因为一方面多数农村学生家长文化程度较低、信息素养普遍差，不能指导子女正确使用网络；另一方面农民不是忙于农活就是外出打工，没有时间监督子女的网络使用情况。这里建议农村学校重视信息技术课教学，保障从小学三年级开设信息技术课，尽量为学生每周安排两节信息技术课。

三、培养学生的信息化学习习惯

从 A 小学和 B 小学的学生信息化学习情况分析，A 小学和 B 小学的学生信息化学习主要是完成教师布置的查阅资料作业。A 小学受限于学校和学生家庭信息化条件，教师很少布置查阅资料的作业，也有一些教师出于其他目的让学生查阅资料，比如 A3LN 老师布置学生查阅资料的目的是引导学生正确使用网络。

如 A3LN 老师所说：

> 他们不是都喜欢上网嘛，我就顺便引导他们一下，让他们知道上网不仅仅可以玩游戏，也可以查资料学习，我就经常给他们布置查作者、查自己喜欢的小动物作文等任务，然后让他们抄到作文本上，我只是想告诉他们，上网其实可以干很多事情，不仅仅是玩游戏。我从学生家长那里了解到，很多孩子特别喜欢上网玩游戏，所以我才想了这么个方法。

B 小学新课程改革实施的是"生本教育"，"生本教育"有学生课前查阅资料、课堂展示的环节，所以教师会布置学生查阅资料，另外，B 小学学生家庭网络条件稍微好一些，学校附近也有网吧、打印店等可以查阅资料，但是很多学生查阅资料其实是家长代为查阅。当然，并不是学生不愿意查阅资料，而是学生不会查阅资料。

从 A 小学和 B 小学的情况分析，一些农村教师或者农村学校已经有意识地培养学生的信息化学习习惯。这里建议，教师在日常教学条件允许的情况下，应有意识地培养学生的信息化学习习惯，比如为学生布置查阅资料的课外作业，允许学生使用教室里的计算机查阅资料，尽量组织一些网络环境下的课程教学，日常教学中有意识地为学生教授一些信息技术知识，等等。

第七节　应用该对策体系的指导原则

本书建构的对策体系在具体应用过程中，应该注意以下几个方面。

一、教育信息化推进要保持系统性

推动农村教师信息技术应用的对策在具体实施过程中应该是系统的，也就是说上述对策在具体实施中是一个整体，缺一不可，缺少任何一个环节都可能导致教育信息化发展的失败。比如，如果不注重培养和提高校长信息化领导力，单纯地推动其他因素的发展很难起到积极的信息技术应用效果。

二、教育信息化推进要注意个性化

笔者构建的农村教师信息技术有效教学应用对策在应用中要保持个性化。该对策体系主要针对与样本学校类似的情况，但是本书构建的农村教师信息技术应用对策体系对其他学校也有积极的借鉴意义，只是不同情境的农村学校在对策体系中某些因素是被强化的，某些因素是被弱化的。农村学校在应用对策体系时要保持灵活性，根据学校具体情况调整对策体系中的某些内容。

三、教育信息化推进采取迂回策略

推进农村教师信息技术应用应该先易后难，绕开难度较大或不易突破的影响因素，采取迂回策略解决这些问题。比如农村教师信息技术应用中的时间短缺问题，农村教师工作忙在短期内很难改变或不易改变，因此应该适当避开该因素，通过加强学校信息化基础设施建设，为教师信息技术应用提供方便的条件，进而克服时间短缺问题。再如教师的教学理念转变问题，信息技术应用在一定程度上可以促进教师教学理念的转变。同时，信息技术应用促进教师教学理念向以学生为主体方向转变，教师教学理念转变反过来又可以促进信息技术应用。

四、教育信息化推进注重基础性因素

在推动农村教师信息技术应用过程中应该注重基础性因素。在基础性因素不能克服的情况下，单纯地注重其他因素对推动农村教师信息技术教学作用不大。比如学校硬件设备是基础性因素，学校在缺乏硬件设备的情况下，单纯地组织教师培训价值不大，学校缺乏硬件设备，或者教师获取硬件设备成本较高，导致教师难以在教学实践中巩固培训内容，而培训对教师教育技术能力提升发挥的作用几乎为零。

五、教育信息化推进保持基层灵活性

我国农村中小学教育信息化推动主要是自上而下的推进策略，教育信息化发展注重顶层设计。笔者认为，教育信息化还应该注重来自基层的教育信息化创新，保持基层在教育信息化发展中的灵活性和创造性。比如在"农远工程"教学资源的应用中，农村教师更喜欢互联网上的教学资源，而"农远工程"提供的教学资源则很少使用。再如国家实施的农村薄弱校改造项目配备的每套 3 万元的交互式电子白板设备，B 县电教馆长认为 3 万元的投资应该优先解决计算机教室问题，多媒体教学设备则可以选择成本相对较低的设备。

六、教育信息化推进允许渐进式变革

当前，农村中小学教育信息化发展中有这样一种现象，被称为"电灌"代替"人灌"：一些农村教师信息技术应用水平较低，只能在课堂中简单地应用信息技术，比如利用实物展示台投影练习题等。笔者认为，信息技术在教学中的应用是渐进式变革过程，应该允许农村教师从自己最熟悉的教学情境中应用信息技术，然后逐步转向"以学生为中心"的信息技术应用。或者说允许应试教育形式的信息技术应用，然后逐步转向素质教育形式的信息技术应用。Zhao 等也认为，教师在信息技术应用中应该采取渐进式变革，而非革命式变革[1]。教育技术工作者应该优先将技术用于完成已被教师认可的教学活动，比如与家长交流、查找教学资源等[2]。当教师认可这种技术工具后，信息化推进的重点就可以转向将技术用于完善其他教学活动，比如"以学生为中心"的教学理念支持的教学活动[3]。

七、重视自下而上的教育信息化变革

农村学校校长和教师在教育信息化实践中有很多因地制宜的创新做法，相关文献也证实自下而上的教育信息化推广容易成功[4]。在推动农村中小学教育信息化进程中，应该更多地把教育信息化发展的权利和责任交给农村学校，激发学校领导、教师和学生在教育信息化发展中的主动性和创造性。

---

① Zhao Y，Pugh K，Sheldon S，et al. 2002. Conditions for classroom technology innovations. Teachers College Record，104（3）：482-515.

② Ertmer P A. 2005. Teacher pedagogical beliefs：The final frontier in our quest for technology integration?. Educational Technology Research and Development，53（4）：25-39.

③ Ertmer P A. 2001. Responsive instructional design：Scaffolding the adoption and change process. Educational Technology，41（6）：33-38.

④ Hew K F，Brush T. 2007. Integrating technology into K-12 teaching and learning：Current knowledge gaps and recommendations for future research. Educational Technology Research and Development，55（3）：223-252.

第七章

农村教师信息技术应用影响因素研究展望

第一节 农村教师信息技术应用影响因素研究特点

一、深度描绘了农村中小学教育信息化发展的历史和现状

本书围绕信息化基础设施和硬件设备、信息化教学资源、教师信息技术操作能力、教师信息化教学认识、学生信息化学习能力、信息化教学实践等各个方面，从农村中小学教育信息化历史演变的视角全面描绘了被访的农村教师信息技术应用的历史和现状。通过对上述各个方面的综合分析，本书认为农村学校的信息化条件极端脆弱，农村教师的信息技术应用水平处于起步阶段。农村学校为教师和学生提供最基本的信息化条件都存在非常大的困难，比如教师备课计算机、计算机教室等。农村教师的信息化教学水平提升困难重重，能够自信地在教学中使用 PPT 进行演示教学的教师很少，在笔者调查中，一半以上的农村教师表示自己没听过"教师教育技术能力"这个概念，农村学生的信息化学习水平几乎为零。

二、系统建构了农村教师信息技术应用影响因素模型

本书厘清了农村教师信息技术应用的影响因素（包括各个影响因素随农村

教育信息化发展的弱化和强化趋势），建构了各个影响因素的作用机制模型，在此基础上提出了所有影响因素的综合作用机制模型，以及影响农村教师信息技术应用的关键因素和基础性因素。

农村教师信息技术应用影响因素伴随农村教育信息化的发展不断演变，其中，一些影响因素得到强化，另一些影响因素则被弱化。农村教师信息技术应用影响因素包括微观层面的教师的教学观念、教师的可利用时间、教师信息化教学能力（信息技术操作能力和信息技术教学应用能力）、学生认知规律和信息素养、教学内容，中观层面的学校硬件设备、学校公用经费、校长信息化领导力（校长信息化认识、校长个人信息化能力、校长信息化领导能力）、学校信息化人才，宏观层面的教育政策（教育信息化政策、新课程改革、教育事业公用经费政策）、上级教育部门的信息化推动工作、政府教育信息化投入、地方经济发展。农村教师信息技术应用直接影响因素包括微观层面的所有影响因素，以及中观层面的学校硬件设备。农村教师信息技术应用间接影响因素包括中观层面的学校硬件设备、学校公用经费、校长信息化领导力、学校信息化人才，以及宏观层面的所有影响因素。

本书构建的农村教师信息技术应用影响因素模型显示影响因素层间作用机制是从上到下发挥影响（说明农村教育信息化是从上到下的推动过程）。直接影响因素中的教学内容、学生认知规律、教师可利用时间的作用机制相对独立；教师信息化教学能力可以克服教学内容和学生认知规律造成的信息技术应用障碍；学校硬件设备和教师信息化教学能力的作用机制相对复杂，受到很多影响因素的影响，同时这两个因素也影响其他影响因素；学校硬件设备影响教师信息化教学能力。间接影响因素中的校长信息化领导力发挥的影响是综合性的，影响到学校硬件设备、教师信息化教学能力、教师多媒体教学积极性、学生信息素养；政府信息化投入是基础性影响因素，影响到学校信息化基础设施和硬件设备、地方教育部门信息化工作、校长信息化领导力、教师信息化教学能力、学生信息素养；地方教育部门信息化推动工作发挥的影响是综合性的，影响到校长信息化领导力、教师信息化教学能力、政府信息化投入、教师信息化教学积极性、学生信息素养；教育政策（教育事业公用经费政策、教育信息化政策、新课程改革）影响地方教育部门信息化推动工作、学校公用经费、政府信息化投入、教师的教学理念；地方经济发展影响地方政府信息化投入和学校的信息化投入。

农村教师信息技术教学微观层面的关键影响因素是教师信息化教学能力和教师可利用时间，学生信息素养是未来影响信息技术应用的关键因素；中观层面的关键影响因素是学校硬件设备、校长信息化领导力（校长信息化认识是校长信息化领导力的核心）；宏观层面的关键影响因素是政府信息化投入和上级教育部门的信息化推动工作。农村教师信息技术应用直接影响因素中的基础性因素是学校的硬件设备；间接影响因素中的基础性因素是信息化投入，包括政府信息化投入、学校公用经费中的信息化投入，以及校长从社会各界及上级部门争取的信息化投入；所有影响因素中的基础性因素是信息化投入。

理解信息技术应用影响因素的关键点在于构建教师信息技术应用影响因素模型，只有厘清影响因素间的综合作用机制模型才能更好地理解影响因素对信息技术应用的影响程度。各个影响因素对信息技术应用的影响程度应该以具体情境为判断依据。

农村教师信息技术应用中的阻碍因素的阻碍程度普遍高于城市教师。农村教师还在有没有条件使用信息技术、有没有水平简单地使用信息技术之间徘徊，信息技术应用影响因素也就体现在是否阻碍和促进教师简单地在教育教学中使用信息技术。

三、系统提出了促进农村教师信息技术应用的对策体系

本书以农村教师信息技术应用影响因素作用机制模型，以及样本学校为代表的农村中小学教育信息化现状为基础，提出了促进农村教师信息技术应用的对策体系。

农村教师信息技术应用对策体系的提出主要从影响因素的可操作程度、关键程度、基础性程度，以及影响因素间的协同机制等方面进行考量，再结合农村教师信息技术应用存在的问题，重点从政府信息化投入、上级教育部门的信息化推动作用、校长信息化领导力、教师信息化教学能力、学生信息素养五个影响因素方面建构了紧密联系的协同式农村教师信息技术应用对策体系。具体对策体系包括保障教育信息化可持续性投入、发挥上级教育部门的信息化推动作用、强化

校长信息化领导力、关注教师信息化教学能力发展、培养学生信息化学习能力五个方面的内容。本书还给出了应用该对策体系的具体指导原则。

信息技术应用研究领域的另外一个关注点是信息技术应用方法的研究。这方面的研究比较多，比如何克抗 2008 年就提出了传递－接受、探究式、研究性学习、WebQuest、适时教学等信息技术与课程整合模式，相关中小学教育信息化网站也有大量的中小学信息技术应用课堂案例。本书认为农村教师的信息技术应用策略主要是教师在信息化教学实践中摸索和积累的，另外还有教师之间的相互交流学习。农村教师基本上没有从相关研究成果中学习和掌握信息技术应用方法，典型情况是一半以上的农村教师不知道教师教育技术能力这个概念，更谈不上了解教育技术领域信息技术应用模式的相关研究成果。如果将信息技术应用策略理解为一种智能形态的信息技术，那么当务之急就是如何将这种智能形态的信息技术推广到农村学校，或者说如何培育智能形态信息技术在农村学校生根落地的土壤。本书认为，农村教师信息技术应用研究的重点是信息技术应用推广影响因素模型研究，而农村教师信息技术应用策略的研究则应该侧重以往相关研究成果在农村中小学的推广和适应性研究，以及关注农村教师自发的本土化的信息技术应用方法。

第二节 农村教师信息技术应用影响
因素研究反思

1）本书选取了甘肃省两个农村学区研究农村教师信息技术应用的影响因素及作用机制模型，样本较少。但是，这是由研究问题所决定的，农村地区教育信息化发展的复杂性决定了本书更适合采用剖析教育信息化系统的方式建构教师信息技术应用的影响因素及作用机制模型。本书希望通过剖析两所农村学区的教育信息化系统，了解和掌握其他农村地区信息技术应用影响因素及作用机制模型。

2）关于本书结论的推论是认同性推广，也就是读者结合自己的实际情况决定是否采用本研究成果。为了提高研究推广度，笔者从以下几个方面做了努力：第一，选取有代表性的样本，最大限度地代表农村地区教师的信息技术应用情况；第二，尽量扩大研究参与者范围，比如理论抽样的教师样本有 70 多位教师，尽量囊括各方面特征不同的研究对象；第三，跨市选取样本进行比较研究，扩大研究成果包容度。综合而言，笔者认为农村学区、教师、信息技术、教学这些关键词无论在任何语境中都具有相似性，农村教育信息化或多或少有着共同特征，农村教师应用信息技术的历程也有着相似性，本书对于读者而言或多或少具有借鉴参考价值，只是不同读者对本书的认同程度会有所不同。

3）信息技术应用影响因素模型随着教育信息化发展不断演变，其中一些影响因素不断被强化，另一些影响因素则被弱化，或者出现一些新的影响因素。笔者后续将继续追踪农村教师信息技术应用影响因素及其作用机制模型。另外，不同地域和文化背景下的信息技术应用影响因素及其作用机制模型也会有所区别，比如少数民族地区信息技术应用影响因素与汉族地区信息技术应用影响因素可能不同，笔者也会关注这方面的研究。

4）教育信息化呈现城市向农村扩散、发达地区向欠发达地区扩散的特点，厘清城市教育信息化与农村教育信息化发展之间的差异和互动机制，有助于从更广阔的视野解决农村教育信息化问题。笔者后续将关注农村教师和城市教师信息技术应用差异性及互动机制。

5）本书认为，农村学生信息化学习开始萌芽，学生因素是未来影响信息技术有效应用的关键因素，也是破解信息技术有效应用的重要突破口。没有学生的信息化学习谈不上真正的农村教育信息化，也谈不上有效的信息技术应用，关注农村学生信息化学习情况也是重要的研究领域。

参 考 文 献

陈仕品，张剑平 .2008. 基于创新推广理论的教师教育信息化实施策略研究 . 现代教育技术,（4）：58-61.

陈威 .2010. 信息技术与高中数学课堂教学整合的有效性研究 . 长春：东北师范大学硕士学位论文 .

陈向明 .1999. 扎根理论的思路和方法 . 教育研究与实验,（4）：58-63.

陈直 .2010. 信息技术在中学教学中的应用研究 . 苏州：苏州大学硕士学位论文 .

程欣印，王文生，李旺盛 .2013. 村级小学农远工程应用现状与对策 . 中小学电教,（2）：4.

邓波 .2010. 农远工程"模式三"环境下的初中英语教学应用研究 . 武汉：华中师范大学硕士学位论文 .

杜育红，梁文艳，杜屏 .2008. 我国农村中小学公用经费充足性研究 . 北京师范大学学报（社会科学版），（6）：13-20.

杜媛，刘美凤 .2005. 技术在教育中有效应用的关键：对教师的支持 . 开放教育研究,（4）：82-86.

杜泽娟 .2006. 中小学信息技术与课程有效整合的研究 . 桂林：广西师范大学硕士学位论文 .

冯青青 .2011. 新课改背景下高中数学信息技术教学应用的个案研究 . 西安：陕西师范大学硕士学位论文 .

葛艳红 .2012. 鄂西农村教育信息化发展研究——一个山区支教者的视角 . 武汉：华中师范大学硕士学位论文 .

宫淑红，焦建利 .2002. 创新推广理论与信息时代教师的信息素养 . 教育发展研究,（8）：64-67.

顾小清 .2004. 面向信息化的教师专业发展研究——一个行动学习框架 . 上海：华东师范大学博士学位论文 .

郭莉 .2005.中小学教育信息化成本效益探讨 .上海：华东师范大学硕士学位论文 .

韩舒波 .2011.基于农远工程的小学数学概念教学策略研究 .开封：河南大学硕士学位论文 .

何克抗 .2006.迎接教育信息化发展新阶段的挑战 .中国电化教育，（8）：5-11.

何克抗 .2008.对美国信息技术与课程整合理论的分析思考和新整合理论的建构.中国电化教育，
（8）：1-10.

何齐宗，周益发 .2009.教育变革的新探索——迈克尔·富兰的教育变革思想述评 .教育研究，
（9）：86-91.

何湘华 .2011.多媒体技术在中学音乐教学中的应用研究 .长沙：湖南师范大学硕士学位论文 .

何智 .2006.中学教师使用信息技术教学的影响因素研究——以北京市中学为例 .北京：首都师
范大学硕士学位论文 .

化方，杨晓宏，王卫军 .2010.甘肃省中小学教师信息技术教学应用现状调查研究 .中小学电教，
（9）：7-10.

黄兰芳，贾巍 .2013.农村中小学远程教育应用：现象、归因与建议——以宁夏为例 .教学与管
理，（12）：81-84.

黄庆唐 .2005.农村学区该撤还是该留？ .中小学管理，（1）：11.

黄荣怀，江新，张进宝 .2006.创新与变革：当前教育信息化发展的焦点 .中国远程教育，（4）：
52-58.

贾建平 .2010.农村中小学现代远程教育资源应用情况及存在问题的原因探析.中国教育信息化，
（2）：11-14.

贾巍，高轶俊 .2009.农村中小学现代远程教育应用的思考 .中国教育信息化，（8）：15-19.

江山杰 .2007.多媒体技术在中学数学教学中的应用研究 .长沙：湖南师范大学硕士学位论文 .

教育信息化建设与应用研究课题组 .2010.我国教育信息化建设与应用专题研究报告 .北京：高
等教育出版社 .

凯西·卡麦兹 .2009.建构扎根理论：质性研究实践指南 .边国英译 .重庆：重庆大学出版社：
61-85.

李刚 .2008.信息技术在初中物理探究教学中的应用研究 .兰州：兰州大学硕士学位论文 .

李国文 .2010.基于"农远工程"的初中英语听力教学策略研究 .开封：河南大学硕士学位论文 .

李莉 .2013.信息技术在高中数学教学中的应用研究 .西安：陕西师范大学硕士学位论文 .

连璞 .2010.农村教育信息化发展难题解析与建议——以安徽省阜阳市为例 .中国电化教育，
（12）：28-31.

梁鸿媛 .2012.新中国农村基础教育管理体制变迁研究 .长春：东北师范大学硕士学位论文 .

刘君玲.2010.农村中小学现代远程教育"模式三"教学应用模式的案例研究——以新疆某乡镇中心学校为例.乌鲁木齐：新疆师范大学硕士学位论文.

刘世雄.2004.信息技术在中学生物教学中的运用研究.重庆：西南师范大学硕士学位论文.

刘玉梅.2005.信息技术在中学地理课堂教学中的应用.大连：辽宁师范大学硕士学位论文.

卢燕.2011.陕西省农村中小学现代远程教育工程资源应用的现状与策略研究.西安：陕西师范大学硕士学位论文.

罗纪纲.2007.现代信息技术在中学化学教学中的应用.武汉：华中师范大学硕士学位论文.

罗婷婷.2009.信息技术在中小学音乐教学中的应用研究.曲阜：曲阜师范大学硕士学位论文.

吕多新.2008.现代信息技术在初中英语教学中的应用研究.济南：山东师范大学硕士学位论文.

马晨.2007.多媒体技术在中学教学中的应用及对策研究.济南：山东师范大学硕士学位论文.

孟琦.2006.课堂信息化教学有效性研究——教育技术之实用取向.上海：华东师范大学硕士学位论文.

全美教师教育学院协会创新与技术委员会.2011.整合技术的学科教学知识：教育者手册.任友群等译.北京：教育科学出版社.

单倩.2010.多媒体技术在中学历史教学中的应用研究.长沙：湖南师范大学硕士学位论文.

宋亚妮.2012.多媒体技术在中学数学教学中的应用研究.厦门：厦门大学硕士学位论文.

孙众.2008.网络环境下语文中高年级的课内扩展阅读研究.北京：北京师范大学硕士学位论文.

王彩宁.2013.现代信息技术在中学数学教学中的应用研究.延安：延安大学硕士学位论文.

王春蕾.2005.影响信息技术在中小学教育中应用的有效性的关键因素的调查研究.中国电化教育，（6）：14-18.

王山玲.2008.基础教育信息化政策与法规研究.上海：华东师范大学硕士学位论文.

王卫军.2009.教师信息化教学能力发展研究.兰州：西北师范大学硕士学位论文.

王先明.2008.信息技术在中学地理教学中的应用.长沙：湖南师范大学硕士学位论文.

王贤国.2008.信息技术在中学数学教学中的应用调查研究——乌海市海勃湾区中学.呼和浩特：内蒙古师范大学硕士学位论文.

王永军.2011.女性主义理论及其对教育传播的价值.电化教育研究，（11）：35-38.

王永军.2018.赋权学习理论及实践案例研究:赋权视域中的技术变革学习.中国电化教育，（11）：79-86.

王永军，杨晓宏.2008.e-Learning 大讲堂现状分析及建议.中国电化教育，（10）：54-59.

王珠珠.2009.对农村中小学现代远程教育工程存在问题的分析.中国远程教育，（8）：61-65.

夏华芳.2008.信息技术在中学历史教学中的应用.南京：南京师范大学硕士学位论文.

杨文正，熊才平，江星玲，周杰 .2013. 公共服务外包视角下教育信息资源供给模式研究 . 电化教育研究，（11）：92-97.

杨晓宏 .2005. 全面解读教育信息化 . 电化教育研究，（1）：27-33.

杨晓宏 .2008. 农村中小学现代远程教育成本效益分析 . 北京：国防工业出版社 .

杨晓宏，郝建华，杨平 .2010. 基于创新推广理论的农村中小学现代远程教育资源应用策略研究 . 中国教育信息化，（2）：15-18.

杨晓宏，王永军 .2009. 西部农村小学生数字化学习的现状与思考 . 复印报刊资料：小学各科教与学，（3）：18-20.

杨晓宏，王永军，吴长城 .2009-01-23. 农村教育信息化之探索——来自宁夏回族自治区西吉县的调研报告 . 中国教育报 .

杨晓宏，王永军，张玲玲 .2011. 农村党员干部现代远程教育资源整合模式研究 . 电化教育研究，（10）：44-48.

杨彦军 .2013. 技术支持的教师行动学习模式研究 . 兰州：西北师范大学博士学位论文 .

杨永贤，罗瑞，杨晓宏 .2009. 宁夏南部山区农村中小学现代远程教育资源教学应用调查 . 电化教育研究，（6）：93-95.

杨玉芹 .2012. 信息技术在高中英语研究性教学中的应用研究 . 长春：东北师范大学硕士学位论文 .

俞树煜 .2007. 西部地区中小学现代远程教育资源研究 . 兰州：西北师范大学硕士学位论文 .

袁华莉 .2010. 课堂网络环境下语文阅读教学层级模型及深度阅读教学策略研究 . 北京：北京师范大学硕士学位论文 .

袁凌云 .2006. 多媒体技术在中学历史教学中的应用 . 济南：山东师范大学硕士学位论文 .

张海静 .2010. 网络学习环境下技术接受影响因素及模型研究 . 保定：河北大学硕士学位论文 .

张际平 .2009. 系统论与基础教育信息化应用推进 . 中国电化教育，（3）：24-29.

张文坚 .2011. 信息技术在中学历史教学中的应用 . 上海：华东师范大学硕士学位论文 .

张文双 .2012. 信息技术在高中英语阅读教学中的应用研究 . 长春：东北师范大学硕士学位论文 .

张雄华 .2011. 临汾市 L 区农村中小学现代远程教育工程现状及发展研究 . 昆明：云南师范大学硕士学位论文 .

附 录

附录1 访谈提纲

一、教师访谈提纲

1. 教师基本信息：性别、年龄、教龄、学历、所教过的年级、所教过的课程、参加工作时间、家庭所在地、个人是否有计算机等。

2. 教师对信息技术教育教学应用的看法；教师教学理念。

3. 教师的信息技术教育教学应用经历；教师从教经历；教师什么情况下应用信息技术；教师所在学校信息化条件；教师在教育教学中应用信息技术的原因；教师在教育教学中不用信息技术的原因；教师对不同课程中应用信息技术的看法。

4. 教师的信息技术操作水平；教师信息技术能力的成长途径。

5. 教师信息技术教学应用水平；教师在教育教学中应用信息技术的方法；教师信息技术教学应用能力提升途径。

6. 教师对校长、信息化硬件设备、信息化教学资源、远程教育管理员、信息技术培训、教育信息化上级管理部门、新课程改革等在信息技术应用中作用的看法。

7. 教师对信息技术与课程整合、教师教育技术能力、新课程改革、"农远工程"等概念的理解。

8.教师对推动学校教育信息化的建议；或者，教师对促进信息技术应用的建议。

二、校长访谈提纲

1.校长对信息技术应用的看法。

2.校长任职经历中所在学校教育信息化发展历程；或者，校长任职经历中所在学校教师信息技术应用情况。

3.校长对信息技术应用影响因素的理解。

4.校长如何推动任职学校教育信息化发展；具体做了哪些事情；采用了哪些策略。

5.校长对教育信息化上级管理部门、教师、学生、电教管理人员、学校公用经费等对信息技术应用影响的看法。

6.校长对任职学校未来教育信息化发展的规划。

7.校长对信息技术与课程整合、教师教育技术能力、新课程改革、"农远工程"等概念的理解。

8.校长所了解的上级教育部门的信息化推动工作。

9.校长对推动学校信息化发展的建议；或者校长对促进信息技术应用的建议。

三、教导主任访谈提纲

1.教导主任对信息技术应用的看法。

2.教导主任任职经历中所在学校教师的信息技术应用情况；学校组织的信息化活动。

3.教导主任任职经历中所在学校有关信息技术应用的条件、政策、制度等。

4.教导主任对校长、教师、学生、电教工作者、时间因素等对信息技术应用影响的看法。

5.教导主任对信息技术与课程整合、教师教育技术能力、新课程改革、"农远工程"等概念的理解。

6. 教导主任对推动学校信息化发展的建议；或者教导主任对促进信息技术应用的建议。

四、学校会计访谈提纲

1. 任职学校公用经费收支情况。

2. 任职学校在教育信息化方面的支出情况；任职学校公用经费是否能够承担学校信息化方面的支出。

3. 任职学校信息化基础设施和硬件设备情况。

4. 学校会计对校长在教育信息化发展中角色的理解；学校会计对所在学校教育信息化发展中校长作用的看法。

5. 学校会计对推动教育信息化发展的建议。

五、学生访谈提纲

1. 学生的学习经历。

2. 学生掌握的教师信息技术应用情况。

3. 学生对多媒体课的看法；学生是否喜欢上多媒体课；如果喜欢，喜欢的原因；如果不喜欢，不喜欢的原因；学生对多媒体课效果的看法。

4. 学生的信息技术课情况。

5. 学生的信息素养情况；学生学习信息技术知识和技能的途径。

6. 学生家庭信息化条件；家中是否有计算机；计算机是否联网；如果学生家中有计算机并接入互联网，学生在家中使用计算机和互联网的情况。

7. 学生将计算机等信息化设备用于学习的情况。

六、学生家长访谈提纲

1. 学生家庭基本情况。

2. 学生家庭信息化条件。

3. 学生家长信息素养情况。

4. 学生家长对子女信息素养和信息化学习能力的看法。

5. 学生家长对子女教育教学的看法。

6. 学生家长对子女信息技术使用的看法；学生家长对子女使用信息技术的指导情况。

7. 学生家长与学校有关信息化方面的互动情况。

8. 学生家长对学校信息技术应用方面的看法。

9. 学生家长对子女所在学校教育工作的看法和建议。

七、学区管理人员访谈提纲

1. 学区主任（学区督导）对教育信息化的理解。

2. 学区主任（学区督导）所掌握的教育信息化情况。

3. 学区主任对推动学区教育信息化发展所采取的措施。

4. 学区主任（学区督导）对信息技术应用影响因素的看法。

5. 学区主任（学区督导）对上级部门教育信息化工作的看法。

八、学校电教工作者访谈提纲

1. 电教工作者对信息技术应用的看法。

2. 电教工作者或电教中心承担工作的情况。

3. 电教工作者所在学校信息化发展历程；或者，电教工作者所在学校信息技术应用情况。

4. 电教工作者对信息技术应用影响因素的看法。

5. 电教工作者对教师、校长、学生、电教管理员、教育信息化上级管理部门、政府教育信息化投入、时间、信息化教学资源等对信息技术应用影响的看法。

6. 电教工作者对信息技术与课程整合、教师教育技术能力、新课程改革、信息技术、"农远工程"等概念的理解。

7. 电教工作者对推动教育信息化发展的建议；或者，电教工作者对促进信息技术应用的建议。

九、电教馆长访谈提纲

1. 电教馆长对信息技术应用的看法。

2. 电教馆长从事电教工作的经历。

3. 电教馆长所在县教育信息化发展情况；教育信息化基础设施和硬件设备情况；信息化教学资源情况；教师信息技术培训情况；教育信息化政策和制度的情况。

4. 电教馆推动当地教育信息化发展的措施。

5. 电教馆长对信息技术应用影响因素的看法。

6. 电教馆长对笔者所调研学校教育信息化发展情况的看法。

7. 电教馆长对教师、校长、学生、时间、信息化基础设施和硬件设备、信息化教学资源、政府教育信息化投入等对信息技术应用影响的看法。

8. 电教馆长对信息技术与课程整合、教师教育技术能力、学生信息素养、新课程改革、"农远工程"等的看法。

9. 电教馆长对当地教育信息化未来发展的规划。

10. 电教馆长对促进信息技术应用的建议。

附录 2　调查问卷（开放式问卷）

一、学生调查问卷

本问卷调查学生对信息技术的看法，你填答的所有信息王老师都会保密，请大家认真填写问卷。

1. 你的名字；性别；年龄；家庭住址。爸妈从事什么工作？

2. 你家中是否有计算机？如果家中有计算机，能不能上网？你平时回家用不用计算机？用计算机做什么事情？（如果家中没有计算机，回答没有；如果平时去亲戚或邻居家用计算机，写明去亲戚或邻居家用计算机，用亲戚或邻居家的计算机做什么？）

3. 你认为你自己会不会使用计算机？会的话，你的计算机技能是在哪学的？和你爸妈相比，你感觉你的计算机水平高，还是你爸妈的计算机水平高？为什么？

4. 你们老师平时上课是否用电子白板？哪个科目的老师用得多，哪个科目的老师用得少？

5. 你是否喜欢老师上课的时候使用电子白板？如果喜欢，为什么喜欢？如果不喜欢，为什么不喜欢？

6. 你是否喜欢上信息技术课，如果喜欢，为什么喜欢？如果不喜欢，为什么不喜欢？你认为信息技术课应该教你哪些内容？

7. 你会不会上网查资料，你们老师平时是否布置上网查资料的作业？哪个科目的老师布置上网查资料的作业？

8. 上课的时候电子白板上的字和图片等，你是否能看清楚？如果看不清楚，怎么办？

9. 你认为还有什么有价值的内容，你可以补充在下边？

二、学生家长调查问卷

本问卷旨在调查家长了解的您的子女的信息化学习情况，问卷调查的目的是学术研究。我们将对您的所有信息保密，请您放心填答问卷。

1. 您和您爱人的文化程度和职业。

2. 您认为您的家庭收入水平在××村处于上等、中上等、中等、中下等还是下等？并说明您的判断依据。

3. 您平时是否监督和指导子女的学习？如果监督和指导的话，监督和指导的方式方法是什么？您是否能够辅导您的子女完成作业等？

4. 您家中是否有计算机？如果家中有计算机，是否联网？您的计算机操作水平和计算机使用情况怎样？您是否指导您的子女学习计算机知识？您对您的子女使用计算机的看法是什么？您的子女在家中使用计算机的情况是什么？如果您家中没有计算机，没有计算机的原因是什么？您是否打算未来购买计算机？

5. 您认为学习计算机知识和技能对您子女成长是否重要？请说明理由。

6. 您平时是否就您子女的学习情况和学校沟通，沟通的途径是什么？

7. 就您子女的教育情况，您最关心的是什么？您对 × × 小学有什么建议？

8. 对于学校的信息技术课和电子白板课，您个人有什么看法和建议？

9. 就您关心的问题，您认为哪些内容还没有提到？请您写出。

附录 3　观察提纲

一、日常观察提纲

1. 学校基本情况，如学校基础设施、教师和学生人数、学校文化氛围等。

2. 学校信息化基础设施和硬件设备情况。

3. 学校信息技术或教育技术培训情况。

4. 教师信息技术使用情况；教师在办公室使用信息技术的情况，教师在多媒体教室或普通教室使用信息技术的情况。

5. 学校日常的与信息化相关的活动。

6. 学校中与信息化相关的规章制度等。

7. 学校信息技术课开设情况；学生的信息技术使用情况。

8. 普通教师日常交往中关于信息化相关活动的互动情况；普通教师与校长、电教主任、教导主任等在日常交往中有关信息化活动的互动情况。

二、课堂（语文、数学、英语、科学、安全）观察提纲

1. 课堂教学的总体情况；研究者对课堂教学内容的掌握、教师个人信息、班级学生人数、学生桌位情况、教室信息化教学设施设备情况等。

2. 教师课堂教学方法；教师与学生互动情况；学生与学生互动情况。

3. 教师课堂教学中使用信息技术情况；信息技术在教学中使用的方法；教师在课堂教学中的哪些环节使用信息技术；哪些教学内容使用信息技术；信息技

术应用过程中好的方面及不足的方面。

4. 学生在多媒体课堂中的表现；尤其是有信息技术相关环节的表现。

5. 学生在多媒体课堂中使用信息技术的情况；教学中的哪些环节学生使用信息技术；学生使用信息技术过程中好的方面及不足的方面。

6. 传统课堂的观察，目的是将传统课堂与多媒体课堂进行比较。

三、信息技术课堂观察提纲

1. 信息技术课堂中的信息化基础设施和硬件设备情况。

2. 信息技术课教学内容。

3. 信息技术教学中采用的教学方法；课堂教学中师生互动情况。

4. 教师在信息技术教学中所展现的信息技术知识和技能。

5. 学生信息技术操作水平。

6. 信息技术课堂中学生之间的互动情况。

附录4　实物收集提纲

1. 信息化教学（传统教学）的教学设计方案、课件等。

2. 教师在信息化相关方面发表的论文等。

3. 学校（学区）简介（比如学校最新简介、学校工作总结、教师简介），尤其信息化发展方面的介绍。

4. 学校（学区）在信息化硬件设备、信息化资源、教师培训、信息技术应用、信息化政策和制度等方面的文件等。

5. 研究者调研所在市 / 县中小学教育信息化发展相关文件等（比如教育技术发展规划、××县××年教育信息化基本数据统计表等）。

6. 甘肃省、教育部、国家有关农村中小学教育信息化方面的政策文件等。